INHALT

VORWORT

Ablehnung hat ihre Wurzeln in den Erlebnissen und Erfahrungen, die wir in unserem Leben machen. Gott sagt, daß Sein Volk zu *Bäumen der Gerechtigkeit* (Jesaja 61,3) werden soll. Bäume haben Wurzeln, und die Wurzeln bestimmen die Früchte! Schlechte Früchte stammen von Bäumen mit schlechten Wurzeln, und gute Früchte stammen von solchen mit guten Wurzeln. Worin wir verwurzelt sind, zeigen die Früchte, die wir in unserem Leben hervorbringen.

Ablehnung hat jeder von uns schon einmal erfahren. Aber Ablehnung wird erst dann zu einem Problem, wenn zu dieser noch Minderwertigkeitsgefühle kommen, wenn man sich schlecht und schuldig fühlt, wie dies auch bei mir lange Jahre der Fall war. Wenn du diese Gefühle kennst, dann hat dir dieses Buch etwas zu sagen – nämlich, daß du von der Macht der Ablehnung befreit werden kannst.

Alle Bereiche deines Lebens, die nicht so sind, wie du es gerne hättest, können durch Jesus und dessen wundervolle Tat am Kreuz wieder heil werden. Bei mir war das der Fall, und Gott kann das auch in deinem Leben bewirken. Glaube daran! Lasse dir keine Fesseln anlegen, werde frei! Ich bete, daß dich dieses Buch ganz neu auf den Weg in Richtung Freiheit bringen wird.

Kapitel 1

Was ist die Wurzel der Ablehnung?

„Er wurde verachtet und von den Menschen gemieden, ein Mann voller Schmerzen, mit Krankheit vertraut. Wie einer, vor dem man das Gesicht verhüllt, war er verachtet; wir schätzten ihn nicht" (Jesaja 53,3).

In unserer heutigen Zeit gibt es viele Menschen, die ihren Selbstwert von ihrem beruflichen und privaten Erfolg abhängig machen. Sie denken, daß sie erst dann etwas wert und von anderen akzeptiert sind, wenn sie eine bessere Arbeitsstelle, ein größeres Haus oder ein teureres Auto haben und natürlich auch in den richtigen Kreisen verkehren. Es ist traurig, mit ansehen zu müssen, wie sich Menschen immer tiefer in solche Wertvorstellungen verstricken und gar nicht erkennen, daß das, was sie wirklich brauchen, die Liebe Jesu Christi ist.

Jesus selbst war während seiner Zeit auf Erden nicht sehr beliebt und auch nicht akzeptiert. Er war *der Allerverachtetste und Unwerteste*! Jesus erduldete alle Schmach, ja, Er ging sogar für uns ans Kreuz, um uns von der Wurzel der Ablehnung zu befreien. Im Laufe der Zeit, in der ich langsam von der Wurzel der Ablehnung frei wurde, habe ich erkannt, daß alle Ablehnung, die Jesus auf Erden erdulden mußte, uns zum Besten dienen sollte. Jesus hatte keine Probleme. Er war ohne Sünde. Er ertrug diese Ablehnung nicht für sich selbst. *Wir* waren diejenigen, die all die Probleme hatten! Deshalb kam *Er* zu uns, um uns unsere Probleme, unsere Verwundungen und Schmerzen und auch unsere Ablehnung abzunehmen.

Aber Ablehnung ist nicht nur eine beliebte Waffe des Teufels, um

Christen anzugreifen. In Amerika, wie auch in anderen Teilen der Welt, leiden Millionen von Menschen unter der schmerzlichen Erfahrung der Ablehnung.

Ablehnung hat viele Ursachen: zum Beispiel Mißbrauch (körperlichen, verbalen, sexuellen und emotionalen), Schwierigkeiten in der Familie, Adoption, Verlassenwerden, Untreue in der Ehe, Scheidung, fehlende Akzeptanz unter Gleichaltrigen und so weiter. Und Ablehnung hat ein breites Spektrum von Auswirkungen zur Folge. In diesem Buch werden wir nach den Wurzeln, den Ursachen, wie auch nach den Auswirkungen von Ablehnung suchen und fragen, welche Hilfestellungen uns die Bibel gibt, um frei zu werden von Ablehnung durch Jesu Werk am Kreuz. Und ich bin der festen Überzeugung, daß viele befreit werden.

Ein seltsam gemeinsamer Nenner

In seinem Buch *„Creative Suffering“* [1] hat der bekannte christliche Arzt und Seelsorger Paul Tournier einige interessante Beobachtungen zum Thema „Liebesentzug“ gemacht. Er schreibt, daß verblüffenderweise eine enorm große Anzahl der führenden Persönlichkeiten dieser Welt eines gemeinsam haben: sie alle waren Waisen. Und zu meiner großen Überraschung sind einige dieser „Supermenschen“ in ihrer Kindheit extrem schlecht behandelt worden. Einige waren sogar Opfer von Mißbrauch gewesen. „Dies wird durch verschiedene Studien über außergewöhnlich erfolgreiche Menschen belegt“, schreibt Tournier. „Nicht weniger als drei Viertel der Menschen, die einmal zu den erfolgreichsten gehören werden, haben wahrscheinlich in ihrer Kindheit schwerwiegende seelische Erfahrungen von Liebesentzug und Härte gemacht. Und weil sie sich innerlich so wertlos fühlen, würden sie alles geben, um Anerkennung und Wertschätzung zu erfahren. Das ist der wahre Grund für den Erfolg dieser Menschen.“

Das Buch *„The Hidden Price of Greatness“* [2] erzählt die Geschichten von großen Männern und Frauen, die Gott in der Vergangenheit großartige Wege geführt hat. Sehen wir uns diese Menschen und ihre Geschichte etwas genauer an, erfahren wir manch hilfreiche Wahrheit. In dem Buch wird unter anderem angeführt, daß erlebtes Leid in der

Kindheit sehr oft zu einem Leben voll von Anstrengung und Kampf führt. Da ist zum Beispiel David Brainerd, dessen Vater gestorben war, als David gerade acht Jahre alt war. Als er 14 war, starb seine Mutter. Er war dann zwar der Besitzer eines stattlichen Anwesens, hatte jedoch keine Eltern mehr, die ihm die Liebe und Zuneigung schenken konnten, die für das Wohlbefinden und die gesunde Entwicklung eines Kindes so notwendig sind.

Brainerd empfand, wie viele andere vernachlässigte und verwaiste Kinder, ein Gefühl der Schuld – so, als wäre er für den Tod seiner Eltern verantwortlich gewesen. Der Autor erzählt, daß der Heilige Geist immer wieder versucht hatte, David Brainerd zu zeigen, daß er schon allein durch die Liebe Christi wertvoll war. Manchmal hat David es verstanden und auch versucht, sich von seinen Schuldgefühlen zu befreien, ist dann jedoch schnell wieder in diese „Arbeits- und Leidensmentalität" zurückgefallen, und versuchte, von sich selbst aus perfekt zu sein.

Gott hat in meinem Leben viele Male genauso zu mir gesprochen wie zu David Brainerd, und jedes Mal reagierte ich ähnlich wie er. In den Zeiten, in denen ich mich schlecht und schuldig fühlte, offenbarte mir der Heilige Geist die Gnade und Barmherzigkeit Gottes und zeigte mir, daß es wahre Vollkommenheit nur in Jesus Christus gibt. Eine Zeitlang fand ich Ruhe bei Gott und ging meinen Weg mit Ihm – ich genoß den Sieg.

Dann versuchte mich der Teufel wieder, und Gott schenkte mir eine noch größere, noch tiefere Erfahrung mit Ihm. Wenn der Teufel erst einmal unseren wunden Punkt gefunden hat, wird er immer wieder versuchen, uns genau an dieser Stelle zu verletzen.

Wissen Sie, was aus David Brainerd geworden ist? In dem Buch heißt es, daß „um 1700 große Gottesfurcht über ihn gekommen" sei, woraufhin er Missionar geworden ist. Einige Zeit später sei er jedoch invalide geworden, und schließlich war er so schwach, daß er keine Predigten mehr halten und keinen Unterricht mehr geben konnte und bald darauf im Alter von nur 29 Jahren starb. Der junge Mann hatte sich selbst überanstrengt, indem er versucht hatte, Gott auf die perfekteste Weise zu dienen. Er hatte sich buchstäblich so sehr verausgabt, daß er davon krank wurde und starb. Und das alles deshalb, weil die Ablehnung, die er in seiner Kindheit erfahren hatte, ein so großes Gefühl der Unsicherheit in ihm hinterlassen hatte.

Wie viele „David Brainerds“ gibt es wohl auf dieser Welt? Menschen, die sich das Äußerste abverlangen, um erfolgreich zu sein, weil sie ihren Wert an ihrem Erfolg festmachen ?

Als ich aufhörte, mir Gedanken darüber zu machen, was andere Leute von mir denken könnten, mußte ich feststellen, daß es gar nicht so viele Menschen gab, die schlecht von mir dachten. Ich entdeckte, daß es dem Teufel immer gelingen wird, Menschen gegen mich aufzubringen, solange es mir etwas ausmacht, was andere von mir denken! Und als ich mir keine Gedanken mehr darüber machte, gab es diese Menschen plötzlich nicht mehr.

Ablehnung und das Kreuz

Jesus hatte Ablehnung und Verachtung erfahren. Er wußte, was es heißt, Angst und Schmerz zu empfinden. Wenn du nun den Schmerz der Ablehnung in dir fühlst, darfst du wissen, daß Jesus deine Gefühle kennt und dich versteht, und daß Er dir neue Kraft und Heilung schenken will.

Ablehnung ist eine der Lieblingswaffen Satans gegen die Menschen. Er verliert keine Zeit, um den „Nährboden der Ablehnung“ in uns anzulegen. Vielleicht ist er bei dir schon lange bei der Arbeit. Vielleicht hat er den Nährboden schon gelegt, als du dich noch im Mutterleib befandest – den Nährboden, der dafür sorgt, daß du dich wertlos und ungeliebt fühlst.

Der Teufel lügt! Und dieses Buch wird dir dabei helfen, dein Leben gemäß Gottes Wort zu erneuern. Gott sagt, daß du wertvoll bist. Glaube an das, was Gott über dich sagt, und nicht, was andere oder der Teufel über dich sagen.

Auch wenn du Ablehnung von anderen erfahren hast, und auch wenn manche Menschen dich heute noch von Zeit zu Zeit ihre Ablehnung spüren lassen, so kannst du von den Fesseln der Ablehnung frei werden! Die Ablehnung mag zwar noch vorhanden sein, aber sie kann dir nichts mehr anhaben, wenn du nur glaubst, was Gott dir sagt, und nichts anderes.

Die Ablehnung hat jetzt keine Macht mehr über mich, weil ich weiß, wer ich in Christus bin. Ich kenne meinen Wert. Ich weiß, daß mein Wert nicht darin liegt, was jemand anders von mir *denkt*, sonders darin, daß ich *weiß*, wer ich bin! Ich bin *„beschenkt in dem geliebten Sohn"* (Epheser 1,6). *„Ist Gott für uns (mich), wer ist dann gegen uns (mich)?"* (Römer 8,31).

Ein Nährboden, eine Wurzel, ein Baum

Den Nährboden für die Ablehnung in unserem Leben können ganz unterschiedliche Ereignisse bilden. Aber der Teufel legt nicht nur den Nährboden an, sondern er sorgt auch dafür, daß sich die Wurzeln der Ablehnung auch wirklich tief darin eingraben und viele kleinere Wurzeln bilden, und irgendwann wird dann aus diesem Wurzelwerk ein richtig großer Baum.

Gott sagt, daß Sein Volk zu *„Bäumen der Gerechtigkeit"* (Jesaja 61,3) werden soll.

Worin du verwurzelt bist, wird die Früchte in deinem Leben bestimmen. Wenn der Nährboden deines Lebens Ablehnung, Mißbrauch, Schande, Schuld und Minderwertigkeitsgefühle sind – wenn du ständig denkst „Mit mir stimmt etwas nicht!" –, dann werden dir all diese Gefühle enorme Schwierigkeiten bereiten. Langsam fängst du dann an zu denken: „Mein *wahres* Ich mag ja niemand, also muß ich eben ein *neues, falsches* Ich schaffen."

Das bedeutet dann, daß du dich selbst ablehnst, weil du von anderen abgelehnt worden bist. Du bist verwirrt und kennst dich gar nicht mehr aus. Dein Baum beginnt Früchte zu tragen – schlechte Früchte: Depression, negatives Denken, mangelndes Selbstbewußtsein, Wut, Feindseligkeit, Launenhaftigkeit, Schubladendenken, Minderwertigkeitskomplexe, Haß und Selbstmitleid. Wurzeln bestimmen Früchte. Schlechte Früchte stammen von Bäumen mit schlechten Wurzeln ... und gute Früchte von Bäumen mit guten Wurzeln.

Wenn deine Wurzeln Angenommensein und Liebe sind, dann wirst du auch gute Früchte hervorbringen – Früchte wie Selbstbeherrschung, Sanftmut, Güte, Treue, Freundlichkeit, Friede, Freude und Liebe.

Auch ich erfuhr Ablehnung schon in meiner Kindheit, und zwar nicht nur von einer Seite, sondern gleich von mehreren. Doch dann wurde ich gerettet und übergab mein Leben Jesus. Ich ging in die Kirche und versuchte meine ersten Schritte mit Gott. Ich hörte gute Predigten über das Leben mit Jesus. Ich hatte damals viele Probleme, und die Predigten taten mir gut.

Da ich schon damals sehr ehrgeizig war, versuchte ich das, was ich im Gottesdienst gehört hatte, auch in meinem Leben umzusetzen. Ich schaffte es dann zwar immer, einen gewissen Anteil meiner Probleme für eine Zeitlang in den Griff zu bekommen. Kaum war ich jedoch soweit, tauchten die schlechten Früchte der Ablehnung wieder irgendwo anders auf!

Jahrelang kämpfte ich dagegen an – ich wollte gut sein ... alles richtig machen ... meinen Glauben auch leben, aber das ging nicht so einfach, und die meisten Probleme hatte ich im Umgang mit anderen Menschen. Denn wenn die Wurzel der Ablehnung erst einmal in uns steckt, wird sich diese vor allem in den Beziehungen zu anderen Menschen zeigen. Sie kann dann zwar die verschiedensten Formen annehmen, aber sie wird immer vorhanden sein.

Während dieser Zeit liebte ich Gott, ich war wiedergeboren und ich glaube, ich wäre in den Himmel gekommen, wenn ich damals gestorben wäre; aber dennoch konnte ich nie einen wirklich langanhaltenden Sieg in meinem Leben verzeichnen. Ich mußte entdecken, daß ich eigentlich gar nicht wußte, wie sehr mich Gott liebte. Mir ging es erst besser, als ich herausfand, wie groß Gottes Liebe zu mir war. Ich erkannte, daß man die Wurzel der Ablehnung nur sehr langsam – Zentimeter für Zentimeter – aus seinem Leben loswerden kann.

Die Bibel lehrt uns, daß wir zuerst ausgerissen werden müssen, um dann wieder neu eingepflanzt zu werden. Aber wir sollen nicht nur von neuem eingepflanzt werden, sondern auch in der Liebe Jesu *gegründet* und *verwurzelt* sein. Jedesmal, wenn du das Wort Gottes hörst, wenn du aufmerksam zuhörst und das tust, was Gott dir sagt, wirst du Heilung erfahren. Und wenn du nur daran festhältst, dich immer unter Gottes Wort stellst, so wirst du Schritt für Schritt immer mehr Heilung erleben.

Werde ein Schüler des Wortes Gottes und gib Gott die Möglichkeit, dir die Fülle dessen zu eröffnen, was es heißt, daß Jesus für dich gestorben ist! Diese Fülle heißt zum Beispiel *Rechtschaffenheit* (was nicht bedeutet, daß du alles richtig machen mußt!), *Friede*, der höher ist als alle Vernunft (auch wenn es bei dir zu Hause im Moment nicht gerade friedlich zugeht) und unsagbare *Freude* (auch wenn du momentan vielleicht keinen speziellen Grund zur Freude hast). Das ist dein Erbteil in Jesus Christus. Du darfst das Leben genießen!

Ich glaube, daß Gott mich dazu berufen hat, Seinem Volk zu einem siegreichen Leben zu verhelfen! Du hast deinen Weg mit Jesus höchstwahrscheinlich schon begonnen, *aber macht es dir denn auch Spaß?* Nein? Dann solltest du das schleunigst ändern. Gott hilft dir dabei!

---

1 London: SCM Press, 1992.

2 Ray Beeson und Ranelda Hunsicker (Wheaton: Tyndale Press, 1991).

Kapitel 2

Ablehnung: Ursache ... und Wirkung

Jeder von uns – egal ob reich oder arm – hat in seinem Leben schon einmal Ablehnung erfahren. Vor kurzem war ich zum Beispiel bei der Pediküre, und dort erzählte mir eine Frau von ihrem vier Jahre alten Sohn. Sie sagte: „Er war so froh, endlich in einer Fußballmannschaft mitspielen zu dürfen! Er übte und übte! Und als dann der große Tag da war und er in einem richtigen Spiel mitspielen konnte, verlief alles ganz fürchterlich, Joyce!"

Ich fragte die Frau, was denn passiert sei, und sie schilderte mir, was geschehen war: „Nun, während der ersten Halbzeit war noch alles o.k. Dann kam jedoch dieser große Junge auf ihn zugerannt und stieß ihm seine geballte Faust mit voller Wucht in den Bauch! Mein armer Junge krümmte sich vor Schmerzen und fing an zu weinen. Der große Junge sagte etwas zu meinem Sohn, woraufhin dieser im Laufschritt das Spielfeld verließ und nur noch weinen konnte. Er hörte gar nicht mehr auf! Ich lief zu ihm und konnte ihn schließlich etwas beruhigen. Ich fragte ihn: ‚Junge, was ist denn passiert?' Und er sagte: ‚Dieser große Junge hat mir in den Bauch gehaun, und dann hat er gesagt: Du bist eine Niete. Aus dir wird nie ein guter Fußballspieler werden. Du machst doch eh immer alles falsch! Hau bloß ab und laß dich hier nie mehr blicken. Wehe, ich sehe dich hier noch 'mal!'"

Sie sagte: „Ich sah ihn an und mußte mitweinen. Woraufhin mein Mann nur meinte: „Oh nein, jetzt weinst du auch noch!" Und als sie dann nach Hause kamen, erklärte ihr Sohn ihnen: „Da geh' ich nie mehr hin!"

Und genau das ist es, was der Teufel will. Er will, daß sich andere

Menschen über uns lustig machen. Er will, daß andere uns nicht mögen, uns ablehnen. Wir werden oft abgelehnt, weil wir nicht alles richtig machen. Aber keiner von uns kann alles richtig machen – und so werden wir verletzt – und fühlen uns abgelehnt! Aber Gott sei Dank sagt uns Gott in Seinem Wort, daß Jesus uns liebt und daß Er uns nie ablehnen wird (Johannes 3,18).

Heilung braucht Zeit ... und Entschlossenheit

Mein Mann Dave und ich beten oft um diese Entschlossenheit, etwas, das man angefangen hat, auch zu Ende zu bringen. Und hier gibt es auch genug Angriffsfläche für den Teufel, um Menschen zu entmutigen.

Als ich in der Gegend von St. Louis regelmäßig einmal in der Woche ein Treffen abhielt, kam eine Frau auf mich zu und sagte zu mir: „Ich habe in meinem Leben schon mit vielen Problemen zu kämpfen gehabt, und irgendwie scheint es so, als würde das nie ein Ende nehmen. Ich bin immer zu Ihrer Veranstaltung gekommen ... wenn ich die Kinder alleine lassen konnte ... und wenn jemand mit mir hierher ging – wissen Sie, der Teufel bietet einem ja genug Ausreden an." Sie wußte auch nicht, wie sie sich helfen lassen konnte, aber eines Tages kam sie dann zu dem Entschluß, daß sie gegen ihre Situation ankämpfen mußte.

Sie sagte: „Irgendwann ging es mir dann so schlecht, daß ich es nicht mehr aushalten konnte! Ich suchte die Nähe Gottes, und Er zeigte mir, daß es an der Zeit war, mich zu entscheiden. Also überredete ich meine Mutter, mich zu Ihren Veranstaltungen zu begleiten, und so kamen wir dann regelmäßig hierher. Ich kann Ihnen gar nicht sagen, wie sich mein Leben verändert hat, seitdem ich mich ernsthaft dazu entschlossen hatte, immer wieder zu Ihnen zu kommen!"

Wenn Gott dir zeigt, was zu tun ist, mußt du auch dazu entschlossen sein, Ihm zu gehorchen, egal, welchen wunden Punkt Er auch gerade anspricht. Entschlossenheit ist einer der Schlüssel zu deinem ganz persönlichen Erfolg.

Gefühle wie Ablehnung sind ganz tief in uns verwurzelt, und Hilfe anzunehmen, ist nicht so einfach. Es wäre schön, wenn man einfach vor zum Altar gehen, Gott um Hilfe bitten und dann in der Erwartung davongehen könnte, daß am nächsten Tag wieder alles gut sein würde. Du mußt mit Gott an deiner Heilung arbeiten.

Du mußt nicht mit der Qual der Ablehnung leben. Aber Heilung erfahren kannst du nur, wenn du es auch wirklich willst und wenn du dich ganz Gott und Seinem Wort verschreibst. Dazu mußt du jedoch auch bereit sein, Zeit zu investieren, Geld für Kassetten, Bücher und eine gute Bibel auszugeben, und du mußt von ganzem Herzen darum bemüht sein, ein guter Schüler des Wortes Gottes zu werden. Wenn du das tust, wirst du langsam – Schritt für Schritt – ein neuer Mensch. Das verspreche ich dir!

Wert oder Minderwertigkeit

Was ist Minderwertigkeit? In einem Artikel wurde das Gefühl der Minderwertigkeit einmal als „psychologische Störung“ bezeichnet, „die mittlerweile epidemische Ausmaße angenommen hat“. Viele Menschen fühlen sich heute minderwertig. Tatsächlich gibt es mehr Menschen, die sich minderwertig fühlen, als solche, die sich wertvoll fühlen. Nun rate mal, was passiert, wenn all diese Menschen, die sich minderwertig vorkommen, versuchen, zu anderen Menschen, die sich auch minderwertig fühlen, eine Beziehung aufzubauen? Chaos! Und das ist sehr traurig.

In der Bibel gibt es einige großartige Textstellen, die uns zusagen, daß wir in Jesus Christus wertvoll sind, daß Er der Grund unseres Lebens ist. Gott will, daß du dich wertvoll fühlst! Paulus hat zum Beispiel folgendermaßen für die Gemeinde gebetet: *„Durch den Glauben wohne (lasse sich nieder, ziehe für immer ein) Christus in euren Herzen. In der Liebe verwurzelt und auf sie gegründet sollt ihr sein“* (Epheser 3,17).

Dein Wert ist *unabhängig* von deiner Brieftasche, deiner Arbeitsstelle, deinem Aussehen, und auch davon, wie andere auf dich reagieren oder mit dir umgehen. Mache deinen Wert nicht daran fest, welche Schule du besucht hast, welche Kleidung du trägst, welches Auto du fährst oder in was für einem Haus du wohnst. Höre auf zu denken, daß du nur dann etwas wert bist, wenn du verheiratet bist oder wenn du Kinder hast. Dein Wert hängt einzig und allein von Jesus Christus ab. Er ist der Fels, auf dem du stehen mußt. Nur *Er* hat Bestand.

Bitte Jesus, daß er dir dabei hilft, deinen Wert an ihm festzumachen. Lerne, dich von den schlechten Dingen abzuwenden und den guten zuzuwenden.

Auch ich hatte einmal so eine Zeit, in der ich mich minderwertig fühlte. Ich war zwar schon Christ, war jedoch nicht in der Liebe Christi gegründet und verwurzelt. Ja, ich war sogar unsicher, wenn ich das Wort Gottes unterrichtete! Ich machte meine Fähigkeit, das Wort Gottes zu lehren, davon abhängig, wie viele Komplimente ich am Ende der Stunde erhielt. Wenn ich nicht genug erhielt, ging ich nach Hause und quälte mich die halbe Nacht mit Selbstvorwürfen ... manchmal ging das dann sogar mehrere Tage so.

Ich war nicht in Christus gegründet und verwurzelt, obwohl ich Sein Wort predigte und unterrichtete. Ich war gegründet und verwurzelt in den Rückmeldungen, die ich von meinen Zuhörern erhielt. Und so hatte der Teufel natürlich ein leichtes Spiel mit mir – er konnte einfach an ein paar Fäden meines Lebens ziehen, und schon quälte ich mich nächtelang. Er mußte lediglich dafür sorgen, daß ich am Ende einer Predigt nicht genug Komplimente bekam, und schon hatte er erreicht, was er wollte. Ich war wütend, weil ich meinen Wert an den Komplimenten meiner Gemeinde festmachte und nicht an Gott.

An wem oder was machst du deinen Wert fest? Was brauchst du, damit es dir gut geht? Machst du dein persönliches Wohlbefinden davon abhängig, was andere tun oder sagen?

Wenn du dich unsicher fühlst, suchst du dann nach jemandem, der dir hilft, daß du dich wieder sicher fühlst? Wir sollten uns in Christus sicher fühlen, und nicht in Komplimenten.

Was immer es auch kosten mag ...

Ich weiß nicht, wie es dir geht, aber ich für meinen Teil habe beschlossen, daß ich so lange glücklich sein will, bis Jesus kommt und mich zu sich nimmt, koste es, was es wolle. Ich bin nun schon seit fünf Jahrzehnten auf dieser Welt, und die meiste Zeit davon ging es mir schlecht. Ich werde es nicht zulassen, daß es mir den Rest meiner Zeit auch noch schlecht geht. Wenn es dir nun genauso geht, wie mir damals – wenn du die Bestätigung anderer brauchst, damit es dir gut geht –, wirst du feststellen, daß du dich auf sehr wackeligem Boden bewegst. Aber wenn du auf *dem Fels* stehst, wirst du feststellen, daß dieser *Fels* unverrückbar ist. Jesus verläßt dich nicht!

Im Amerikanischen gibt es den Ausdruck: „to be between a rock and a hard place", man befindet sich in einer schier ausweglosen Situation, der Weg nach vorne ist durch einen riesigen Felsen versperrt, und der Weg zurück führt zu einem äußerst ungemütlichen Ort. Eines Tages sagte der Herr einmal zu mir: „Die Menschen, die mich nicht kennen, haben einen ungemütlichen Ort hinter sich und den nächsten vor sich. *Du* hast jedoch den ungemütlichen Ort hinter dir und den *Fels* vor dir!"

Menschen, die Jesus nicht kennen, gehen von einem ungemütlichen Ort zum anderen. Sie haben einen ungemütlichen Ort vor sich und einen ungemütlichen Ort hinter sich. Wenn jedoch wir, sein Volk, in dieser Lage sind, haben wir den ungemütlichen Ort hinter uns und Jesus vor uns! Und wenn der ungemütliche Ort noch vor uns liegt, dürfen wir wissen, daß Jesus immer um uns ist! Wir sind wahrscheinlich die einzigen, die zwischen dem *Felsen* und dem ungemütlichen Ort stehen können!

Es ist toll, auf dem *Felsen* zu stehen! Alles um uns herum ist *unsicher*. Unsicher bedeutet unbeständig und unberechenbar. Wenn also ein Mensch unsicher ist, dann ist er unbeständig und unberechenbar. Unsicher bedeutet auch, wenig Selbstvertrauen zu haben, hin und her gerissen zu sein, sich nichts zuzutrauen. Kennst du diese Gefühle? Du kannst sie loswerden!

Im Römer 8,35-37 heißt es: „*Was kann uns scheiden von der Liebe Christi? Bedrängnis oder Not oder Verfolgung, Hunger oder Kälte, Gefahr oder Schwert? In derSchrift steht: Um deinetwillen sind wir den ganzen Tag dem Tod ausgesetzt; wir werden behandelt wie Schafe, die man zum Schlachten bestimmt hat. Doch all das überwinden wir durch den, der uns geliebt hat.*"

Und du überwindest weit mehr, wenn es dir nichts mehr ausmacht, wenn dich jemand schlecht behandelt! Probleme wirst du immer haben, aber solange du nicht zuläßt, daß das Problem dich hat, überwindest du alles. Du wirst einen gigantischen Sieg erringen. Wie? *Durch den, der uns geliebt hat* (Vers 37)! Das ist dein Sieg – *die Liebe Gottes*. **„***Denn ich bin gewiß: Weder Tod noch Leben, weder Engel noch Mächte, weder Gegenwärtiges noch Zukünftiges, weder Gewalten der Höhe oder Tiefe noch irgendeine andere Kreatur kann uns scheiden von der*

Liebe Gottes, die in Christus Jesus ist, unserem Herrn" (Verse 38-39). Laß uns diese Liebe Gottes nie verlassen, egal, mit welchen Schwierigkeiten wir auch konfrontiert werden!

Sicherheit in Christus

Dienst du dem Herrn? Dann habe ich hier eine gute Nachricht für dich: *„... Keine Waffe wird etwas ausrichten, die man gegen dich schmiedet; jede Zunge, die dich vor Gericht verklagt, strafst du Lügen. Das ist das Erbteil der Knechte des Herrn: Von mir kommt ihre Rettung (Friede, Gerechtigkeit, Sicherheit und Triumph) – Spruch des Herrn"* (Jesaja 54,17). Weil Jesus für dich gestorben ist, darfst du dich sicher fühlen. Du darfst glauben, daß du wertvoll bist, und du darfst dich mögen!

Das griechische Wort für *sicher* bedeutet: „Herr sein über"[1]. Durch Jesu Tod am Kreuz hast du das Recht, Herr über dich selbst zu sein. Ich finde diese Definition ganz treffend, weil Menschen, die unsicher sind, nicht die wirklichen Herren über ihr Leben sind. Der Teufel malträtiert und quält sie, wo er nur kann. Unsichere Menschen werden immer von der quälenden Angst geplagt, was andere Menschen von ihnen denken könnten. Unsichere Menschen haben eine Wurzel der Ablehnung in ihrem Leben. Und oft passiert es dann, daß diese Menschen von anderen Menschen manipuliert und beherrscht werden. Solche Menschen wollen anderen Menschen gefallen, und hören nicht auf das, was der Heilige Geist ihnen sagen möchte. Aber die griechische Definition von *sicher* lautet: Herr sein über, stark, furchtlos und sorglos sein.[2]

Laß uns die mutmachende Bibelstelle in Johannes 3,18 lesen: *„Wer an ihn glaubt (wer an ihm festhält, ihm vertraut, sich auf ihn verläßt), wird nicht gerichtet (wer ihm vertraut, steht nie vor Gericht; für ihn gibt es keine Ablehnung, kein vernichtendes Urteil – es gibt keinen Grund zur Verurteilung), wer nicht glaubt (an ihm festhält, sich auf ihn verläßt und ihm vertraut), ist schon gerichtet ..."*

Was bedeutet das? Es bedeutet ganz einfach, daß derjenige, der an Jesus glaubt, weder zurückgewiesen noch verurteilt wird. Verurteilung und Ablehnung werden uns nichts anhaben können, wenn wir glauben. Verurteilung und Ablehnung werden nur die erfahren, die Jesus auch abgelehnt haben. Wenn du an Jesus Christus glaubst, wirst du erfahren, daß *Er* dich nicht zurückweist!

In Epheser 1,4-5 sagt uns Gott, daß Er uns dazu bestimmt hat, Seine Kinder zu sein: *„Denn in ihm (in seiner Liebe) hat er uns erwählt (hat er uns dazu bestimmt, sein eigen zu sein), vor der Erschaffung der Welt, damit wir heilig (geweiht und ausgesondert für ihn) und untadelig leben vor Gott; er hat uns aus Liebe im voraus dazu bestimmt (auserkoren, in Liebe für uns geplant), seine Söhne zu werden durch Jesus Christus und nach seinem gnädigen Willen zu ihm zu gelangen (weil es ihm gefallen hat und sein göttlicher Wille war).“*

Mir gefällt die Stelle besonders, an der es heißt, daß *Er uns im voraus dazu bestimmt hat!* Wenn der Teufel mich wieder einmal am Schlawittchen hat, dann sage ich mir immer: „Joyce, Gott hat dich gewollt! Du bist kein Kind des Zufalls! Er hat sich überall umgesehen und hat aus voller Überzeugung gesagt: „Die will ich haben!“ Es könnte ja sein, daß dann ein Engel zu Gott kam und ihn gefragt hat: „Bist Du Dir da ganz sicher? Warte, ich lese Dir erst mal vor, was die schon alles angestellt hat! Diese Joyce Meyer hat nämlich schon einiges auf dem Kerbholz! Herr, ich weiß, daß Du eine gute Predigerin suchst. Aber muß es denn unbedingt diese sein? Es gibt bestimmt andere, die viel besser dazu geeignet wären!“ Aber der Herr antwortete: „Nein! Diese will ich! Und keine andere! Ich will Joyce!“

Die Bibel sagt, daß Gott die törichten und die schwachen Dinge der Welt erwählt (1. Korinther 1,27). Ich finde es toll, daß Gott uns *erwählt* hat! Wir sind ihm nicht einfach aufgedrängt worden, ohne daß er sich dagegen wehren konnte. Jeder andere mag dich zurückweisen, aber Gott wird dich ansehen und zu dir sagen: „Ich habe dich erwählt!“

In Psalm 27, Vers 10 heißt es: *„Wenn mich auch Vater und Mutter verlassen, der Herr nimmt mich auf (als sein Kind)“*. Hast du das verstanden? Auch wenn mich mein Vater und meine Mutter verlassen, wird der Herr immer für mich da sein und mich als sein Kind aufnehmen!

Ursachen der Ablehnung

Ablehnung hinterläßt Wunden, und oft kann schon die kleinste Wunde eine große Tür öffnen. Durch diese offene Tür wird der Teufel dann dafür sorgen, daß die Ablehnung dein Leben bestimmt. Es gibt nur wenig Menschen, die das Erwachsenenalter erreichen, ohne daß die Ablehnung Schäden in ihrem Leben hinterlassen hat. Was können nun Ursachen der Ablehnung sein? Da es sehr viele Gründe dafür geben kann, will ich hier nur die wichtigsten anführen:

- ungewollte Schwangerschaft
- beabsichtigter oder versuchter Schwangerschaftsabbruch
- das Neugeborene hat das falsche Geschlecht (die Eltern haben sich zum Beispiel einen Jungen gewünscht, haben aber ein Mädchen bekommen und umgekehrt)
- das Neugeborene ist nicht ganz gesund, ist behindert oder etwas zurückgeblieben
- das Kind ist ein Zwilling und wird ständig mit dem zweiten Zwilling verglichen
- Adoption
- Verlassenwerden
- der Tod eines oder beider Elternteile
- Mißbrauch, sei es nun physischer, verbaler, sexueller oder emotionaler, sowie Liebesentzug
- Eltern mit mentalen Störungen (das Kind kann sich vernachlässigt fühlen)
- sehr schwierige Rahmenbedingungen, wenn zum Beispiel das Kind gleich nach der Geburt krank wird und länger im Krankenhaus bleiben muß
- wenn man von Gleichaltrigen nicht akzeptiert wird
- wenn es Schwierigkeiten in der Familie gibt
- wenn man von seinem Ehepartner zurückgewiesen wird, ein Ehepartner dem anderen untreu wird oder sich scheiden läßt.

Wie ich schon erwähnt habe, kann man Ablehnung auch schon im Mutterleib erfahren. Das kann zum Beispiel bei einer ungewollten Schwangerschaft oder auch bei einer beabsichtigten oder versuchten Abtreibung der Fall sein. Der Nährboden für Ablehnung kann auch bei der Geburt gelegt werden, wenn das Neugeborene zum Beispiel nicht das gewünschte Geschlecht hatte. Und Ablehnung kann auftreten, wenn das Kind mit einem Fehler oder einer Behinderung zur Welt kam, oder wenn es ständig mit einem seiner Geschwister verglichen wird. All diese Erfahrungen können dann der Grund dafür sein, daß unser Leben von dem Gefühl der Ablehnung bestimmt wird.

Adoption, Verlassenwerden, der Tod eines Elternteils können das Gefühl der Ablehnung in uns wecken. David Brainerd, der große Gottesmann, den wir in einem früheren Kapitel ja schon kennengelernt haben, hatte seit dem Tod seiner Eltern das Gefühl, immer alles perfekt machen zu müssen. Wie wir sehen, ist das Gefühl der Ablehnung nicht immer eine Folge von Mißbrauch, obwohl dieser jedoch eine der Hauptursachen dafür ist.

Liebesentzug ist auch eine Art Mißbrauch. Eine Frau, die mit in der Gemeinde arbeitete, erzählte mir einmal, daß ihr Vater geisteskrank wurde, als sie noch ein Kind war, und daß sie sich damals sehr zurückgewiesen fühlte. Körperlich war er anwesend, aber geistig war er völlig weggetreten. An den normalen Familienaktivitäten konnte er nicht mehr teilnehmen. Sie fing an, nachzudenken, warum ihr Vater sie nicht mehr liebte, warum er nicht mehr mit ihr sprach. Nun, Kinder können noch nicht alles verstehen und sind daher auch leichter verletzlich.

Manchmal sind Kinder auch einfach Opfer der Umstände, wie das neugeborene Baby, das gleich nach der Geburt zwei, drei Monate im Krankenhaus bleiben muß, bevor es die Eltern mit nach Hause nehmen können. Und im Krankenhaus können die Ärzte und Krankenschwestern dem Kind natürlich nicht die Liebe schenken, die es zu Hause hätte. Das Baby spürt dann, daß etwas nicht stimmt.

Vielleicht kommt das Kind auch in einer Familie zur Welt, in der es ständig Ärger gibt. Wenn das Kind dann größer wird, wird es sich irgendwann einmal fragen, ob es nicht selbst der Grund für all den Ärger ist, und denken: „Wenn ich besser, schöner oder klüger wäre, dann würden Mama und Papa bestimmt nicht soviel streiten." Solltet ihr einmal vor euren Kindern streiten, dann solltet ihr nach dem Streit unbedingt auf die Kinder zugehen und erklären, weshalb ihr gerade böse wart. Am besten ist es natürlich, gar nicht zu streiten. Versucht euren Kindern verständlich zu machen, daß Menschen, die sich lieben, nicht immer 100prozentig derselben Meinung sein und sich nicht immer glänzend verstehen müssen. Versichert euren Kindern, daß die Probleme nichts mit ihnen zu tun haben.

In einer Familie, in der es oft Streitigkeiten gibt, kann es auch sein, daß sich das Kind vernachlässig und nicht beachtet fühlt. Die Eltern, die soviel Zeit mit ihren eigenen Problemen zubringen, vergessen, sich um die Bedürfnisse ihrer Kinder zu sorgen, und das Kind fühlt sich zurückgewiesen und abgelehnt!

Dann gibt es noch die mangelnde Anerkennung durch Gleichaltrige. Jeder von uns erlebt diese Zurückweisung von Zeit zu Zeit auf den verschiedensten Ebenen. Viele Jugendliche haben ernorme Angst davor, von ihren Klassenkameraden nicht akzeptiert zu werden. Dies gilt für Kinder jeder Altersstufe. Auch Erwachsene kennen dieses Gefühl. Dieses Gefühl macht vor keinem Alter und keiner Schicht halt. Wir alle sehnen uns nach Anerkennung.

Manchmal habe ich diese Angst vor mangelnder Anerkennung sogar in meinem Amt als Predigerin. Ich treffe mich ab und zu mit einer Gruppe von Predigern, wo oft auch sehr bekannte Prediger dabei sind. Und ich fühle mich dann zurückgewiesen, wenn diese Prediger nicht den Anschein machen, sich mit mir unterhalten zu wollen. Es ist ja oft der Fall, daß man Menschen nicht beachtet oder ignoriert, weil man sich über diese stellt. Man denkt, daß man mehr kann, mehr erreicht hat oder einfach besser ist. Der Teufel reibt sich dann die Hände und nützt die günstige Gelegenheit, um unserem Gegenüber dann ein Gefühl der Ablehnung einzuflößen. Besonders gute Karten hat der Teufel natürlich dann, wenn die betreffende Person von Haus aus schon unsicher ist. Kein Wunder, daß die Bibel uns sagt, daß wir nicht auf die Person sehen sollen (Apostelgeschichte 10,34). In Seinem Wort sagt uns der Herr, daß wir alle Menschen gleich behandeln sollen – daß wir alle Menschen lieben sollen. Wir sollen auf Menschen zugehen, die unsicher scheinen, die niemanden haben und sich schlecht fühlen.

Ablehnung macht auch vor Ehen nicht halt – ihre Ursachen dort sind Scheidung, Untreue und schwierige Rahmenbedingungen zu Hause – alles offene Türen, durch welche die Ablehnung gerne in unser Leben tritt. Vielleicht hast du die Früchte der Ablehnung schon in deiner Familie gesehen und die Ablehnung liegt wie ein Fluch über ihr; und auch wenn du die Umstände haßt, unter denen du groß geworden bist, so verhältst du dich jedoch noch immer nach demselben Verhaltensmuster. Ich denke, daß man guten Gewissens sagen kann, daß man überall auf Ablehnung stoßen kann.

Folgen der Ablehnung

Empfundene Ablehnung muß jedoch nicht immer gleich wirklicher Ablehnung sein. Die Angst vor der Ablehnung sorgt dafür, daß wir denken, daß andere uns ablehnen, während dies dann oft gar nicht der Fall ist.

Hier nun einige der häufigsten Folgen von Ablehnung:

- Rebellion
- Zorn
- Bitterkeit
- Schuldgefühle
- Minderwertigkeitsgefühle
- Davonlaufen, hierzu zählen auch Tagträumereien, Drogen, Alkohol, Fernsehen und Arbeit
- Schubladendenken
- Armut
- Angst jeglicher Art
- Hoffnungslosigkeit
- Härte
- Mißtrauen
- Respektlosigkeit
- Wettbewerbsdenken
- Eifersucht
- Perfektionismus

Rebellion ist eine weit verbreitete Reaktion auf Ablehnung. Gott hat Menschen geschaffen, die von Natur aus geliebt und angenommen werden wollen. Wenn diese Menschen nun schlecht behandelt werden, bäumt sich deren Innerstes regelrecht auf und rebelliert.

Ich selbst bin ein Kind des Mißbrauchs, und daher war ich früher innerlich stets aufgewühlt. Nach außen mag ich zwar fröhlich gewirkt haben, aber in meinem Innersten war ich wütend darüber, daß ich so behandelt worden war. Irgendwann traf ich dann eine Entscheidung: „Kein Mensch wird mir mehr wehtun! Ich werde es nicht zulassen, daß mich noch mal jemand so behandelt!“ Ich versprach mir damals, daß ich mich nie mehr herumschubsen lassen würde!

Hast du dir auch schon einmal etwas versprochen, nachdem du dich von jemandem schlecht behandelt fühltest? Vielleicht geht es dir dann ja auch so, daß du jetzt Probleme mit den Versprechen hast, die du dir selbst einmal gegeben hast, wie zum Beispiel: „Nie mehr werde ich jemandem vertrauen! Nie mehr werde ich jemanden in mein Leben lassen! Nie mehr will ich jemanden lieben! Niemandem gestehe ich mehr soviel Nähe zu mir zu! Nie mehr wird mich jemand verletzen!" Vielleicht lebst du ja immer noch in den Zwängen der Versprechen, die du dir selbst gegeben hast. Aber, Gott sei Dank, gibt es einen Weg zur Freiheit, und dieser Weg ist Jesus, das hat Er selbst von sich gesagt. Die Wahrheit des Wortes Gottes wird dir überall da Befreiung schenken, wo du nur lange genug darum bemüht bist. In Johannes 8,31+32 heißt es: *„Wenn ihr in meinem Wort bleibt, seid ihr wirklich meine Jünger. Dann werdet ihr die Wahrheit erkennen, und die Wahrheit wird euch befreien."*

Ich wurde immer verbitterter und sagte zu mir: „Niemand wird mich mehr herumschubsen! Niemand wird mir mehr sagen, was ich zu tun und zu lassen habe!"

Das Ergebnis davon war dann, daß ich viele Jahre brauchte, um meinem Mann eine gehorsame Frau zu werden, da ich viele der Dinge, die er tat, als Ablehnung empfand. Seine Sorge um mich faßte ich als Versuche auf, mich herumzuschubsen und mein Leben zu bestimmen. Ich hatte Angst, ihm zu vertrauen!

Oft sagte David dann zu mir: „Joyce, ich tue dir doch nichts!" Aber ich war fest der Überzeugung, daß jeder gegen mich war! Das war eine schwere Zeit für Dave – weil er mich liebte! Er versuchte das zu tun, was man von einem guten Ehemann erwartet – mir zu helfen und mir mit Rat und Tat zur Seite zu stehen – aber ich wollte mir von niemandem etwas sagen lassen.

Ich hatte beschlossen, daß jeder gegen mich war. Aber Gott sei Dank bin ich nun von diesen Gedanken befreit, wenn es auch sehr lange gedauert hat!

Bitterkeit ist eine weitere Folge von Ablehnung, wie auch Selbstmitleid und Davonlaufen. Und zur Flucht vor der Realität gibt es viele Wege. Manche Menschen verbringen den ganzen Tag mit Tagträumen oder Fernsehen. Andere versuchen, ihre Stimmung durch Drogen und Alkohol zu verbessern, und wieder andere flüchten sich in ihre Arbeit und werden „Workaholiker". Aber Davonlaufen ist noch nie eine Lösung gewesen.

Weitere Folgen von Ablehnung sind:

- Schubladendenken
- Schuld
- Minderwertigkeit

Ironischerweise haben diese nur noch größere Ablehnung zur Folge!

Armut kann auch eine Folge von Ablehnung sein. Viele Menschen leben in physischer Armut, weil sie denken, daß sie es nicht wert sind, irgend etwas zu besitzen. Dabei ist doch Jesus dafür gestorben, daß es uns gut geht und wir keinen Mangel leiden müssen. In 3. Johannes 2 heißt es: *„Lieber Bruder, ich wünsche dir in jeder Hinsicht Wohlergehen und Gesundheit, so wie es deiner Seele wohlergeht.“*

Ängste jeglicher Art können auch die Folge von Ablehnung sein, genauso wie Hoffnungslosigkeit und Abwehrhaltungen. Ich reagierte teilweise so ablehnend, daß ich jemanden, der auch nur andeutete, daß ich hier oder da etwas nicht richtig gemacht haben könnte, sofort zurechtwies, daß er ein absolut falsches Bild von mir habe und mich gar nicht richtig kenne.

Mißtrauen, Respektlosigkeit, Wettbewerbsdenken und Eifersucht sind weitere destruktive Folgen der Ablehnung. Was machen wir mit all diesen Aspekten der Ablehnung? Nun, oft reagieren wir darauf mit übersteigertem Perfektionismus. Wenn wir die Wurzel der Ablehnung in uns tragen, versuchen wir, diese Ablehnung durch andere Dinge auszugleichen. Wenn wir uns innerlich schlecht fühlen, versuchen wir dies durch unser Äußeres wieder wettzumachen. Diese Angst, abgelehnt zu werden, resultiert dann oft in übersteigertem Perfektionismus. Manche werden Workaholiker und versuchen, Anerkennung in ihrer Arbeit zu finden. Der Perfektionist denkt, daß er den Schmerz der Ablehnung ein für allemal aus seinem Leben verbannen kann, wenn es ihm nur gelingt, wirklich perfekt zu sein und keine Fehler mehr zu machen, denn dann hätten die Menschen ja keinen Grund mehr, ihn zurückzuweisen!

---

[1] W. E. Vine: *Expository Dictionary of New Testament Words* (Old Tappan: Fleming H. Revell, 1940), Band III, S. 335.

[2] Vine, Band III, S. 335+336

Kapitel 3

Ablehnung – und wie man darauf reagiert

Wenn du die Wurzel der Ablehnung in dir trägst, dann ertappst du dich bestimmt auch oft dabei, daß du auf bestimmte Dinge in einer Weise reagierst, die Gott nie so beabsichtigt hatte. Dann betrittst du zum Beispiel einen Raum, und in diesem Raum ist jemand, der dich nicht sofort beachtet. Woraufhin du denkst, daß alle in diesem Raum dich nicht mögen. Du fühlst dich gleich abgelehnt, nur weil jemand dich eventuell nicht beachtet hat. Die Wahrheit könnte jedoch auch ganz anders aussehen. Vielleicht haben die Menschen in diesem Zimmer einfach nur nicht bemerkt, daß du dich zu ihnen gesellt hast!

Ich weiß noch, daß sich eine meiner Angestellten einmal sehr verletzt fühlte, weil sie dachte, daß ich mich an einem bestimmten Abend anderen Frauen mehr gewidmet hatte als ihr.

Und ich hatte gar nicht bemerkt, daß sie verletzt war. Als ich dann davon erfuhr, redete ich mit dem Herrn und sagte: „Gott, sie hat sich vernachlässigt gefühlt, und ich habe es gar nicht bemerkt! Warum machst Du mich nicht darauf aufmerksam? Ich will doch niemanden verletzen!"

Daraufhin sagte der Herr zu mir: „Du bist nicht auf sie aufmerksam geworden, weil ich es nicht wollte! Ich habe sie vor dir verborgen, weil sie meint, deine Aufmerksamkeit zu brauchen, aber ich weiß, daß genau das das Letzte ist, was sie braucht! Ich bin gerade dabei, ihr zu zeigen, daß ihr Wert nicht davon abhängt, wieviel sie von anderen beachtet wird." Damals habe ich gelernt, daß das, von dem wir glauben, daß wir es brauchen, nicht immer unbedingt das ist, was wir wirklich brauchen.

Wenn wir jemanden sehen, der die Wurzel der Ablehnung in sich hat und um unsere Aufmerksamkeit und Anerkennung bemüht ist, wollen wir diesen Menschen für gewöhnlich nicht enttäuschen und schenken ihm die von ihm gewünschte Aufmerksamkeit und Anerkennung. Natürlich in der Absicht, diesem zu helfen und ihm etwas Gutes zu tun. Wenn wir jedoch nicht auf Gott hören, kann unsere Reaktion oft genau das sein, was diese Person gerade nicht braucht. Wenn wir diesem Menschen geben, was er will, tragen wir dazu bei, daß diese Person länger mit bestimmten Problemen zu kämpfen hat, als dies normalerweise der Fall wäre. Um frei zu werden, müssen wir Gott zuerst erlauben, die Stützpfeiler aus unserem Leben zu entfernen. Vielleicht fühlen wir uns danach eine Zeitlang unsicher und unwohl, aber auch das gehört dazu ... Heilung tut weh! Wahre Liebe nimmt uns den Schmerz nicht ab, denn ohne diesen Schmerz kann es keine wirkliche Heilung geben.

Menschen, die die Wurzel der Ablehnung in sich tragen, haben oft ein falsches Bild von sich selbst und suchen Bestätigung bei anderen. Diese Menschen haben noch nicht erfahren, daß ihr Wert nicht davon abhängt, wie andere mit ihnen umgehen, sondern allein darin, wer sie in Jesus Christus sind.

Eines der Dinge, die ich den Besuchern meiner Seminare immer wieder sage, ist: „Macht nie euren Wert davon abhängig, wie euch andere Menschen behandeln. Ihr müßt so lange wachsen, bis ihr genug Selbstbewußtsein habt und wißt, daß ihr etwas wert seid. Wenn andere Menschen anderer Meinung sind, dann sind sie es, die sich täuschen."

Das bedeutet jedoch nicht, daß wir alles perfekt machen, oder daß wir uns nicht verändern müßten! Wenn wir jedoch so wenig von uns überzeugt sind, daß der Teufel nur jemanden finden muß, der uns kritisiert, damit es uns schlecht geht, dann haben wir wirklich Probleme. Es wird immer Menschen geben, die nicht mit dem einverstanden sind, was und wie wir etwas machen. Und auch hierzu kann ich nur sagen: *„Laß es nicht zu, daß du deinen Wert davon abhängig machst, was andere von dir denken."*

Wir müssen es Gott erlauben, falsche Vorstellungen, die unsere Denkweise beeinflussen, zu beseitigen und diese durch richtige, göttliche Vorstellungen über uns und andere zu ersetzen.

Wenn ich ein Seminar vorbereite oder an einem Buch arbeite, ist es oft so, daß ich das, worüber ich schreibe oder was ich vorbereite, auch selbst erlebt haben muß. Gott benutzt meine Erfahrungen und Erlebnisse und ermöglicht mir so mehr Freiheit und Informationen aus erster Hand, die ich dann für meine Bücher und Seminare verwenden kann. Ich möchte meine persönlichen Erfahrungen nicht für mich behalten. Ich möchte diese mit anderen teilen, weil ich ihnen damit vielleicht helfen kann. So hatte ich eben auch mehrere einzigartige Gelegenheiten, zu sehen, wie falsch wir manche Dinge und Situation oft wahrnehmen, wenn die Wurzel der Ablehnung in uns steckt.

Eine tränenreiche Lektion

Einmal saß ich in meinem Büro und weinte. Es war ein harter Tag gewesen. Ich war gerade von einer Reise zurückgekehrt und sehr müde. Ich fühlte mich schlecht, wußte jedoch eigentlich gar nicht, weshalb. Dann kam Dave in mein Büro und sah, daß ich weinte. Er sagte: „Oh, ist etwas passiert? Möchtest du darüber reden?" Da ich zu diesem Zeitpunkt noch nicht darüber reden konnte, antwortete ich nur mit „Nein". Einer der Gründe, warum ich weinte, war der, daß David an diesem Tag Golf spielen gehen wollte, daß es mir jedoch zu kalt war, mitzugehen. Ich tat mir selbst leid, weil er dann Spaß haben würde, während ich nur im Büro sitzen und arbeiten würde.

Drei Wochen später, als Dave und ich dann schließlich über dieses Thema redeten, fragte er: „Warum hast du mich denn nicht gefragt, ob ich nicht etwas anderes mit dir machen würde?" Im ersten Moment fiel mir keine Antwort ein; als ich jedoch darüber nachgedacht hatte, erklärte ich es ihm: „Weißt du, ich habe über deine Frage nachgedacht, und mir sind zwei Gründe eingefallen, warum Menschen manchmal ihre wahren Bedürfnisse für sich behalten. Der erste Grund ist der, daß wir Angst davor haben, andere zu fragen, weil der andere „Nein" sagen könnte. Deshalb fragen wir dann oft erst gar nicht. Der zweite Grund ist der, daß ich dachte, daß du als mein Mann vielleicht merkst, wenn mir etwas nicht gefällt, so daß du von dir aus sagst, daß du nicht Golf spielen gehst und wir zu zweit irgendwo anders hingehen."

Ich wußte, daß sich Dave sehr auf dieses Golfspiel gefreut hatte. Ich wußte, daß es ihm nicht gefallen würde, genau an dem Tag, an dem er Golf spielen wollte, mit mir einen Schaufensterbummel zu machen. Ich wünschte mir jedoch, von ihm zu hören, daß er mich gerne bei sich haben wollte. Wie gerne hätte ich von ihm gehört: „Ach, Schatz, du bist so eine wundervolle Frau! Mein Golfspiel opfere ich gerne für dich, wenn ich dir damit nur eine Freude machen kann!"

Statt dessen kam er jedoch und sagte: „Oh, du weinst ja. Was ist denn passiert?" Und dann dachte ich mir: „Warum *weiß* er nicht, weshalb ich weine?" Aber du weißt bestimmt selbst, wie das ist, wenn man beim Weinen ertappt wird. Ich antwortete ihm dann nur: „Ich kann noch nicht darüber reden. Sobald ich es kann, werde ich es dich wissen lassen."

Daraufhin ging Dave ins Schlafzimmer und zog sich fürs Golfspiel um. Als ich mich dann etwas beruhigt hatte und mit ihm auch darüber reden konnte, ging ich zu ihm ins Schlafzimmer und sagte: „O.K., ich kann jetzt reden. Und er antwortete: „O.K., ich zieh mich nur noch kurz um."

Nachdem sich Dave dann umgezogen hatte, kam er in mein Büro. Ich hatte mir genau überlegt, was ich zu ihm sagen wollte; bevor ich jedoch auch nur ein Wort sagen konnte, meinte er: „Schatz, könntest du dich bitte kurz fassen, ich bin spät dran!" Woraufhin ich ihm dann nur zur Antwort gab: „Laß nur! Es ist nicht wichtig! Geh' nur und amüsier dich! Ich bin O.K.!" Daraufhin sagte er nur: „O.K. Ich seh' dich dann heute abend, wenn ich wieder da bin."

Den Rest des Tages habe ich geweint. Ich fühlte mich miserabel. Die ganze Zeit dachte ich: „Das gibt's doch nicht! Ich weiß ganz genau, daß mich mein Mann liebt! Ich weiß, daß er mir nie absichtlich weh tun würde! Aber warum fühle ich mich dann so schlecht?"

Aus dieser Geschichte von damals habe ich gelernt, daß Gott nicht nur unsere verwundeten Gefühle heilt – Gefühle, die in der Vergangenheit verletzt wurden –, sondern daß Er auch die Narben verheilen läßt! Oft sind wir an bestimmten Punkten verletzlich, weil die Narben noch nicht ganz verheilt sind. Bei mir sind viele Narben schon verheilt, und es kommt nur selten vor, daß ich so verletzt bin, daß ich den ganzen Tag nur noch weinen könnte. Ich glaube, daß es zwei Gründe gibt, warum es mir damals so schlecht ging. Erstens, damit ich eine weitere Erfahrung sammeln konnte (eine weitere Ebene der Freiheit kennenlernen konnte) und damit ich angespornt würde, anderen Menschen etwas über die Wurzel der Ablehnung weiterzugeben.

Was Er mir zeigte, war, daß das schmerzliche Gefühl der Ablehnung weit über unseren Verstand hinausgeht. Es umgeht unsere rationale Denkweise. Normalerweise hätte ich ja einfach sagen können: „Ich weiß, daß Dave mich liebt und mich nie absichtlich verletzen würde! Ich weiß es ... Ich weiß es ... Ich weiß es!" Aber ich fühlte mich schlecht und wußte nicht einmal weshalb. Dieses Gefühl ließ mich längere Zeit nicht los. Dann kamen noch ein paar andere Dinge hinzu, die dieses Gefühl in mir nur noch verstärkten. Nach zwei oder drei Wochen zeigte mir Gott jedoch etwas, was mir sehr geholfen hat; wovon ich glaube, daß es auch Ihnen helfen wird.

Dave und ich haben dann schließlich über den besagten Tag gesprochen. Als ich versuchte, Dave meine Gefühle zu beschreiben, sagte er: „Ist das dein Ernst? Weißt du, was ich gedacht habe, als ich in dein Büro kam und dich weinen sah? Ich dachte, daß du betest! Wie oft bin ich nicht schon in dein Büro gekommen, während du gebetet hast und dir die Tränen heruntergelaufen sind? Ich habe dich dann immer gefragt: ‚Ist etwas passiert?' Und du hast dann immer gesagt: ‚Nein, es ist o.k. Ich bete nur.' Als ich an diesem Tag dann vom Schlafzimmer wieder in dein Büro kam, dachte ich, daß du mir erzählen wolltest, worüber du gebetet hast. Und ich hatte nicht mehr die Zeit, mich auf ein längeres Gespräch einzulassen. Ich wußte doch nicht, daß es dir nicht gut ging!" Was ich also damals als Wahrheit empfunden hatte, hatte rein gar nichts mit der Wahrheit zu tun. Ich hatte gedacht, daß Dave mich nicht mehr liebte, daß er rücksichtslos, kalt und selbstsüchtig war – in Wirklichkeit wußte Dave jedoch gar nicht, daß es mir nicht gut ging. Meine Angst davor, zurückgewiesen zu werden, hat mich davon abgehalten, ihm ehrlich zu sagen, was in mir vorging, und so wurde ich nur noch zorniger. Ich hatte ihm nicht richtig klargemacht, daß ich ein Problem hatte.

Kapitel 4

Schutzmauern

Der Schmerz der Ablehnung ist einer der schlimmsten Schmerzen, die eine Person empfinden kann. Abgelehnt zu werden tut weh – sehr weh!

Ich denke, daß wir größere Anstrengungen unternehmen, um Schmerzen im Gefühlsbereich zu vermeiden, als wir das bei physischen Schmerzen tun. Das bedeutet, daß wir kunstvolle Abwehrsysteme entwickeln, um unsere Gefühle vor Verletzungen zu bewahren. Selbstgezimmerte Schutzmauern sind Teil solcher Abwehrsysteme. Wir ziehen unsichtbare, aber dennoch reale Mauern zwischen uns und den Menschen hoch, die uns eventuell verletzen könnten.

Vor kurzem erhielt ich einen Brief von einem Mädchen, das mir schrieb, daß meine Seminare ihr Leben verändert hätten. Sie erzählte, daß Gott während eines Seminars, in dem es um eben diese Schutzmauern ging, zu ihr gesprochen hatte. Sie meinte: „An diesem Abend wurde mir klar, weshalb ich andere Menschen nicht in mein Leben ließ. Weil ich Angst hatte, zurückgewiesen zu werden. Es kam zum Beispiel vor, daß ich irgendwo jemanden sah, den ich kannte. Ich suchte dann jedoch nur noch das Weite und tat so, als hätte ich die betreffende Person gar nicht gesehen. Ich hatte Angst davor, die Person anzusprechen und dann jedoch zurückgewiesen zu werden! Denn das würde sehr weh tun!“

Du siehst also, daß Satan nichts unversucht läßt, dir deine Freiheit und Freude zu rauben. Freiheit und Freude gehören zusammen! Wenn dir Satan deine Freiheit nimmt, dann nimmt er dir auch deine Freude. Du bestreitest dein Leben dann eingesperrt in einer winzigen Schachtel und versuchst ständig, es immer allen recht zu machen … und wirst dich nie vom Heiligen Geist leiten lassen, der in dir wohnt.

Die Bedeutung von Ablehnung

Das Wort *Ablehnung* kann auch die Bedeutung von *Wegwerfen* haben; weggeworfen zu werden, weil man wertlos ist. Abgelehnt zu werden bedeutet, gesagt zu bekommen: „Ich will dich nicht – du bist nichts wert! Du bist nicht das, was ich will! Mit dir stimmt etwas nicht!" Eine solche Aussage ist schmerzhaft – sehr schmerzhaft. Er schuf uns, um angenommen, geliebt und wertvoll zu sein. Nichts in unserer gottgegebenen Natur kann es ertragen, abgelehnt zu werden.

Die Bibel lehrt uns in Epheser, Kapitel 1, daß wir *angenommen sind in dem geliebten Sohn* (Vers 6). Wir müssen uns keine Gedanken darüber machen, ob wir nun bei Gott angenommen sind oder nicht. Wenn wir an Jesus Christus glauben und Ihn als unseren Erlöser annehmen, wird es immer eine Person geben, die uns nie zurückweist. Er nimmt uns so an, wie wir sind, und wartet nicht erst, bis wir uns gebessert haben und vielleicht keine Fehler mehr haben. Heilung gibt es allein schon in dem Bewußtsein, daß Jesus die Liebe, die Er uns schenkt, an keine Bedingungen knüpft.

Viele Menschen auf der ganzen Welt erleben heute Heilung von den Wunden der Ablehnung durch eine persönliche Beziehung zu Jesus Christus. Nirgendwo anders kannst du wirkliche Heilung erfahren. Egal, wie viele Kurse du besuchst oder wie viele Selbsthilfebücher du liest, ich glaube nicht, daß du dauerhafte Heilung von den Wunden des Mißbrauchs und der Ablehnung erfahren kannst, ohne die lebenswichtige, persönliche Beziehung zu unserem Herrn Jesus Christus.

Ablehnung geht jeden an. Ich glaube nicht, daß es auch nur einen einzigen Menschen auf der Welt gibt, den der Teufel nicht schon einmal das schmerzhafte Gefühl der Ablehnung hat spüren lassen. Du kannst von Glück reden, wenn du Eltern hattest, denen das Wort Gottes wichtig war und die dir das Gefühl gaben, daß du wertvoll bist, egal, was du gerade getan hast oder was andere von dir denken. Vielleicht gehörst du auch zu den glücklichen Menschen, die nicht so schnell verletzt sind, all ihre Sorge auf den Herrn werfen und schnell vergessen können. Wenn du zu diesen Menschen gehörst, werden dir die Attacken des Teufels weniger ausgemacht haben als anderen. Es gibt jedoch ein paar Menschen, denen diese sehr viel ausgemacht haben.

Das Erbe der Ablehnung

Die meisten von uns hatten Eltern, die auch schon die Wurzel der Ablehnung in sich trugen. Sie wußten nicht, wie sie damit umgehen sollten, und so gaben sie diese weiter an ihre Kinder. Viele Menschen beurteilen andere nach dem, was sie tun, und nicht nach dem, was sie wirklich sind. Ein Kind wirft ein Glas Milch um, und der Vater sagt: „Böses Kind!" Das Kind denkt dann natürlich unweigerlich, daß jedesmal, wenn es etwas schlecht *macht*, es auch schlecht *ist*.

Viele von uns haben das auch mit unseren eigenen Kindern gemacht – ich weiß, daß ich mit meinen Kindern genauso umgegangen bin. Ich danke Gott, daß ich Ihn schon kannte, als mein jüngstes Kind zur Welt kam, so hat zumindest es nicht die ersten Jahre seines Lebens damit zubringen müssen, zu hören, wie schlecht es doch ist. Wir konnten ihm dann sagen: „Das, was du getan hast, war schlecht, aber du bist trotzdem gut; ganz tief in dir drin bist du ganz toll! Du bist großartig, und Gott wird dir helfen, das Beste aus dir zu machen. Wir werden dich immer lieben, egal, was auch passiert."

Es ist einfach toll, wenn man seinen Kindern diese göttliche Zuversicht schenken kann, aber nicht jedem wird diese zuteil. Die meisten Menschen, denen wir in unserem Alltag begegnen, haben Wurzeln der Ablehnung in sich. Abgelehnte Menschen suchen die Nähe von anderen abgelehnten Menschen. Deshalb reagieren die wenigsten Menschen so, wie sie sollten, und deshalb werden viele Menschen immer wieder verletzt. *Verletzte Menschen verletzen Menschen.*

Gottes Aufgabe und unsere Aufgabe

Wenn wir einen anderen Menschen – Freunde, Familie – oder auch uns selbst auf Biegen und Brechen verändern wollen, werden wir oft feststellen müssen, daß Gott nicht so funktioniert, wie wir das gerne hätten. Er wirkt durch Glauben, und Glauben bedeutet Abhängigkeit von Ihm ... und nicht durch Werke des Fleisches, was Unabhängigkeit bedeuten würde. Er wird sich so lange nicht einschalten, bis wir uns aus der Situation heraushalten und sie Ihm ganz in Seine Hände legen. Hast du das verstanden? Solange du versuchst, die Arbeit des Heiligen Geistes zu tun, wirst du dir immer wieder selbst weh tun! Alleine wirst du all die nötigen Veränderungen in deinem Leben nie vollbringen. Das ist auch nicht deine Aufgabe – es ist die Aufgabe des Heiligen Geistes!

Wenn wir versuchen, Gottes Arbeit zu übernehmen, machen wir keine Fortschritte und werden frustriert. Deshalb müssen wir unbedingt lernen, unsere Arbeit zu tun und Gott Seine Arbeit selbst tun lassen. Die meiste Zeit sind wir jedoch so damit beschäftigt, Gottes Arbeit zu tun, daß wir mit unserer Arbeit nicht mehr fertig werden! Unsere Aufgabe ist es, zu glauben; Seine Aufgabe, ist es, zu wirken.

Gott möchte Seine Schutzmauern um uns ziehen. Solange wir jedoch versuchen, Seine Arbeit zu machen – solange wir damit beschäfigt sind, uns selbst zu beschützen –, wird Gott dies nicht tun. Als Gottes Kinder müssen wir uns nicht damit herumplagen, uns selbst zu beschützen. Wir sollten nur daran glauben, daß Er uns beschützen wird. Wenn wir weiter versuchen, uns selbst zu beschützen, müssen wir vielleicht eines Tages feststellen, daß wir eigentlich völlig schutzlos sind. Wir können soviel Zeit damit verbringen, uns vor dem Schmerz der Ablehnung zu schützen, daß wir irgendwann gar nicht mehr in der Lage sind, eine gesunde, liebende und ausgeglichene Beziehung zu anderen aufzubauen. Wenn wir dem Heiligen Geist jedoch erlauben, die falschen Mauern niederzureißen, kann Er Seine Schutzmauern der Erlösung um uns ziehen. Manchmal bete ich und kann Ablehnung dann aus dem Wege gehen. Manchmal bete ich auch und kann Situationen, in denen ich Ablehnung erfahre, siegreich meistern und werde dadurch nicht beeinträchtigt. Aber auch wenn du Gott erlaubst, Seine Schutzmauern um dich zu ziehen, muß das noch lange nicht heißen, daß du nie mehr Ablehnung erfahren wirst, und zwar deshalb, weil Ablehnung eine der Lieblingswaffen des Feindes ist.

Der Teufel setzt Ablehnung gerne ein, um den Menschen das Gefühl zu geben, daß sie nichts wert sind. Er benutzt Ablehnung gerne auch einfach dazu, um Menschen davon abzuhalten, Gott zu gehorchen oder Fortschritte mit Ihm zu machen. Manche Menschen haben Angst, vorwärts zu gehen. Man könnte sagen, sie haben Angst, den entscheidenden Schritt aus dem Boot zu machen. Sie möchten zwar gerne „auf dem Wasser gehen“, aber die Angst vor der Ablehnung sorgt dafür, daß sie das Boot in ihrem ganzen Leben nicht verlassen. Sie schützen sich vor der möglichen Ablehnung, indem sie sich immer in der „Sicherheitszone“ aufhalten. Gott möchte uns aber von der Angst befreien und uns helfen.

Wenn andere dich verletzen, baust du dann Mauern? Ich weiß, daß ich das tue! Dave und ich führen eine glückliche Ehe. Wir sind nun schon seit 27 Jahren verheiratet, und wir haben vier Kinder. Aber wenn Dave mich verletzt, bäumt sich alles in mir auf. Gott möchte uns zeigen, wie wir diese Situationen so meistern können, wie Er es möchte und nicht, wie wir es gerne hätten.

Durch Glauben

Jedesmal, wenn du spürst, daß du innerlich eine Mauer aufbaust, mußt du versuchen, diese wieder niederzureißen – und zwar durch Glauben! Gott wird dir die falschen Mauern in deinem Leben zeigen, und du mußt jede einzelne davon niederreißen – durch Glauben! Erlaube Jesus, dir dabei zu helfen, diese selbsterrichteten Mauern niederzureißen, so daß Er selbst deine Schutzmauer werden kann.

Hebräer 11 gilt als das große Glaubenskapitel der Bibel. Hier lesen wir, daß die Helden der Bibel durch ihren Glauben große Taten für Gott vollbracht haben. Noah hat die Arche gebaut ... weil er glaubte, Abraham vertraute Gott, daß er einen Sohn bekommen würde ... weil er glaubte, Sarah bekam in ihrem hohen Alter noch ein Kind ... weil sie glaubte. In Hebräer 11,30 heißt es: *„Aufgrund des Glaubens geschah es, daß die Mauern von Jericho einstürzten."* Alles geschah durch den Glauben! Der Glaube läßt uns nach Gottes Wort handeln, im Vertrauen darauf, daß Sein Wille geschieht.

Wenn wir verletzt werden, sagt uns unser Kopf: „Du wirst mich nicht noch mal verletzen!" – und schon ziehen wir die Mauer hoch! Ich habe mittlerweile gelernt, die Mauern, die ich hochziehe, wenn mich Dave verletzt, im Glauben wieder niederzureißen. Ich sage mir dann: „O.k., Gott, ich weiß, daß ich jetzt wieder eine Mauer baue! Hilf mir, daß ich diese im Glauben wieder niederreißen kann." Und ich vertraue Gott, daß Er es auch tut.

Was ich noch entdeckt habe, ist, daß ich weder Liebe schenken noch empfangen kann, solange eine Mauer zwischen mir und einem anderen Menschen steht. Da jedoch die Liebe der Schüssel zu einem siegreichen Christentum ist, kann ich mich von der Liebe Gottes nicht umschließen lassen, solange ich noch diese Mauern in mir und um mich herum habe. Warum habe ich all diese Mauern hochgezogen? Weil ich

Angst davor hatte, verletzt zu werden. Aber irgendwann habe ich dann gemerkt, daß ich so oder so verletzt wurde. Hinter den Mauern zu leben tut genauso weh. Wenn ich die Mauern heute niederreiße und Dave mich nächste Woche wieder verletzt (was gut der Fall sein kann), so kann ich doch die ganze Woche lang Liebe geben und empfangen. Wenn ich hinter den Mauern lebe, werde ich diese Verletzung auch die ganze Woche mit mir herumtragen. Wenn ich die Mauern jedoch aufgrund des Glaubens niederreiße und andere in mein Leben hineinlasse, werde ich zwar ab und an verletzt werden; aber das ist immer noch besser, als die ganze Zeit über ein isoliertes und einsames Leben zu leben.

Wenn du von Mauern umgeben bist, fühlst du dich schlecht. Es ist schon ein Glaubensschritt, diese Mauern, hinter denen du dich so lange Jahre versteckt hast, niederzureißen. Sobald du es jedoch getan hast, wirst du ein neuer Mensch sein! Du wirst dich wie ein Sträfling fühlen, der gerade begnadigt wurde. Wahrscheinlich weißt du auch nach den vielen Jahren der Gefangenschaft gar nicht, wie du dich verhalten sollst. Du wirst das Risiko eingehen müssen, erneut verletzt zu werden.

„Ich habe aber Angst!" wirst du entgegnen. Die Bibel sagt uns jedoch: *„Gott hat uns nicht einen Geist der Verzagtheit gegeben, sondern den Geist der Kraft, der Liebe und der Besonnenheit"* (2. Thimotheus 1,7). Wenn du also diese Mauern um dich herum stehen läßt, führst du dein Leben nicht so, wie Gott es sich gewünscht hat. Ja, die Mauern niederzureißen, kann weitere Verletzungen bedeuten, aber hier habe ich eine großartige Botschaft für dich: Der Heiler und Tröster lebt in dir (wenn du wiedergeboren bist), und er kann deine Verletzungen heilen.

Dave kann mir nicht versprechen, daß er mir nie mehr weh tun wird. Meine Kinder können mir nicht versprechen, daß sie mir nicht mehr weh tun werden, und ich kann es umgekehrt genausowenig. Gott verspricht uns jedoch, daß Er alles irgendwie und irgendwann wieder gut machen wird, wenn wir Ihm nur vertrauen.

Eine Beziehung aufrechtzuerhalten – sei es nun eine Ehe oder eine Freundschaft –, ohne diese Mauern abzubauen, ist nicht das, was sich Gott unter einer Beziehung vorgestellt hat.

In Jesaja 26,1 heißt es: *„An jenem Tag singt man in Juda dieses Lied: Wir haben eine befestigte Stadt, zu unserem Schutz baute der Herr Mauern und Wälle."* In einer Fußnote in der *„Amplified Bible"* steht: „In den *Schriftrollen vom Toten Meer* heißt es: *‚Du (Herr) bist eine starke Mauer für mich.'"* Gott will auch deine Mauer sein! *„Sein Sinn* *ist fest; du schenkst ihm Ruhe und Frieden (sowohl in seiner Neigung als auch in seinem Charakter); denn es verläßt sich auf dich. Verlaßt euch stets auf den Herrn (vertraue dich ihm ganz an, lehne dich an ihn an, vertraue fest auf ihn); denn der Herr ist ein ewiger Fels"* (Verse 3,4).

Weißt du, was Gott in diesen Versen sagt? Frage dich einmal selbst: „Habe ich eigentlich diesen Frieden, den ich als Teil meines Bundes haben sollte?" Wenn du diesen Frieden möchtest, ihn aber nicht erfährst, liegt das vielleicht daran, daß du versuchst, dein Leben selbst zu meistern, anstatt es Gott zu übergeben! Reiße doch einige dieser falschen Mauern mit Hilfe deines Glaubens nieder, dann wirst du Seinen Frieden haben. Wenn Gott dein Leben wieder in Ordnung bringt, kann es eine Zeitlang drunter und drüber gehen. Vertraue Ihm nur, Er schenkt dir „Frieden inmitten eines tosenden Sturms".

Manchmal haben wir das Gefühl, daß Gott uns mit unseren Verletzungen einfach vergißt. Das ist jedoch eine Lüge des Teufels! In Jesaja 49,15+16 heißt es: (Und der Herr antwortete): *„Kann denn eine Frau ihr Kindlein vergessen, eine Mutter ihren leiblichen Sohn? Und selbst wenn sie ihn vergessen würde; ich vergesse dich nicht. Sieh her: Ich habe dich eingezeichnet (dein Bild eintätoviert) in meine Hände, (Oh, Zion) deine Mauern habe ich immer vor Augen."* Gott denkt immer an uns und will uns beschützen. Er will nicht nur unseren Körper beschützen, sondern auch unsere Gefühle.

Dave und ich haben diesen Schutz erst vor kurzem hautnah erfahren. Wir waren unterwegs und wollten etwas essen. Wir fuhren also in ein Drive-In-Restaurant, und Dave ging in das Restaurant, um unsere Bestellung aufzugeben. Ich blieb im Auto sitzen und dachte nach, als uns ein LKW von hinten rammte! Es war ein ziemlich harter Aufprall, aber unserem Auto ist nichts passiert.

Ein paar Minuten später, als wir gerade vom Parkplatz auf die Straße fahren wollten, kam dort ein Auto ganz schnell angebraust und ist vielleicht knapp um einen Millimeter an uns vorbeigerauscht. Gott sei Dank haben wir das Wort! Ich sagte: „Im Namen Jesu, Geist der Unfälle, weiche von uns!" Ich glaube, daß bestimmte Bereiche von bestimmten Mächten beherrscht werden. Diese beiden Vorfälle waren Angriffe des Teufels! Aber bei beiden Vorfällen hat Gott seine Hand über uns gehalten und uns bewahrt.

Es ist einfach, zu verstehen, wie Gott uns körperlich beschützt. Du kannst die Hand Gottes erkennen, wenn du auf wundersame Weise knapp einem Unfall entgehst. Aber Gott möchte über das Körperliche und Sichtbare hinausgehen. Er möchte, daß wir ihm auch unsere Gefühle zum Schutz anvertrauen. Die schützende Hand Gottes über unseren Gefühlen können wir nur durch den Glauben erfahren! Er möchte, daß wir unseren Glauben auf die Probe stellen und die Mauern niederreißen, die wir selbst errichtet haben.

Vertrauen Ihm den Schutz deiner Gefühle an!

Du wirst vielleicht sagen: „Gut! Ich mache das jetzt, weil es in Seinem Wort steht. Ich liebe Gott, und deshalb werde ich es machen! Aber Angst habe ich trotzdem!“ Ich weiß, was du empfindest, aber es ist wichtig, daß du jetzt durchhältst und dich nicht unterkriegen läßt. Genauso wie du glaubst, daß Gott dich körperlich beschützen kann, kannst du auch lernen, Ihm den Schutz deiner Gefühle anzuvertrauen.

Warte nicht erst darauf, bis du wieder einmal verletzt oder niedergeschlagen bist. Fange an, Gott den Schutz deiner Gefühle zu übergeben, wenn es dir gut geht. Jeden Tag, wenn du mit anderen Menschen zusammen bist, kannst du dir sagen: „Gott, ich glaube jetzt daran, daß Du meine Gefühle schützen kannst. Ich werde mich nicht mehr hinter diesen Mauern verstecken. Ich vertraue darauf, daß Du mich vor dem schmerzhaften Gefühl der Ablehnung bewahren kannst!“

Wenn wir aufhören, in Angst zu leben, und statt dessen auf Gott vertrauen, wird uns die Ablehnung nicht mehr soviel ausmachen können. Und wenn sie dann kommt, kann sie uns nur noch wenig anhaben.

Fange nicht an, wenn du noch alle Mauern stehen hast. Laß dich nicht dazu hinreißen, zu denken: „Diese Menschen haben das und das gesagt, deshalb haben sie keinen Platz mehr in meinem Leben! Ich sehe sie zwar; aber ich werde so tun, als ob ich sie nicht sähe, weil ich nicht noch mal abgelehnt werden möchte. Ich werde mich da hinten in die Ecke verkriechen und alleine zu Mittag essen, weil sie meinen Glauben ablehnen. Und ich werde sie auch nicht fragen, wie ihnen meine neue Frisur gefällt, denn wenn sie ihnen nicht gefällt, fühle ich mich abgelehnt!“

Ist so eine Art von Leben nicht erbärmlich? Gott möchte nicht, daß du so lebst. Du darfst aus deinem Schneckenhaus herauskommen und sagen: „Ich bin des Königs Kind! Ich bin nicht wie alle anderen. Ich bin ich, Gott sei Dank! Heute verlasse ich diesen Ort im Glauben! Ich werde alle Mauern hinter mir lassen! Ich werde tapfer sein! Ich werde Gott glauben!"

Glaube mir, du wirst Mut brauchen! Es braucht Mut, zu sagen: „Ich werde alle Mauern hinter mir lassen und Dir, Gott, vertrauen! Ich werde glauben! Ich werde meine Mauern im Glauben niederreißen und bitte Dich, Deine Mauern um mein Leben zu bauen."

Aber der Aufwand lohnt sich!

Kapitel 5

Typische Verhaltensmuster zur Abwehr von Ablehnung

1. Innere Schwüre

Die größten Steine unserer Schutzmauer bestehen aus inneren Schwüren, aus Versprechen, die wir uns selbst gegeben haben, um uns selbst zu schützen. Ich will dir ein paar Beispiele anführen:

- Nie mehr wird mich jemand verletzen!
- Wenn ich das alles hinter mir habe, werde ich es nicht mehr zulassen, daß mich jemand noch einmal so herumschubst!
- Ich werde niemanden mehr so nah an mich heranlassen, daß er mich verletzen kann!
- Niemand wird mich mehr bestimmen können!
- Ich werde mein Leben von nun an selbst bestimmen – niemand wird mir mehr sagen können, was ich zu tun und zu lassen habe!

Solche Versprechen geben wir uns nicht nur einmal – sondern immer und immer wieder. Ich habe fünfzehn Jahre meines Lebens in einer Familie zugebracht, in der nur selten ein liebes Wort fiel. Was glaubst du, wie oft ich mir da dachte: „Wenn ich hier raus bin, wird mich nie wieder jemand herumschubsen!" Kein Wunder, daß ich dann später Gottes Hilfe brauchte, um Gehorsam zu lernen!

Mauern verursachen Blockaden

In der Seelsorge höre ich oft den Satz: „In allen anderen Beziehungen läuft alles prima, aber sobald es sich um eine engere Beziehung handelt, ist alles aus. Ich schaffe es einfach nicht, auch nur irgendeine Art von enger, intimer Freundschaft aufzubauen; irgend etwas stimmt da nicht – da ist so eine Art Blockade. Ich verabrede mich mit jemanden, und alles ist so lange o.k., bis es ernster wird. Ich weiß nicht, warum das so ist, aber das ist dann immer genau der Zeitpunkt, an dem ich einen Rückzieher mache, auch wenn ich das eigentlich gar nicht will."

Solche Aussagen basieren meistens auf Mauern, die wir durch solch innere Versprechen aufgebaut haben – Versprechen, die wir uns immer und immer wieder gegeben haben. „Niemand wird mehr so nah an mich herankommen, daß er oder sie mich verletzen kann!"

Oder wie wär's damit: „Niemand wird mein Leben mehr bestimmen! Ich werde mein eigenes Leben leben, und nie mehr wird mir jemand sagen, was ich zu tun oder zu lassen habe!" Ich hatte innerlich schon richtige Furchen, weil ich diesen Vorsatz immer und immer wieder in meinem Inneren wiederholte.

Es gibt viele Dinge, die man sich versprechen kann; und es gibt viele Menschen, die die Wurzel der Ablehnung in sich tragen, weil ihre Eltern mit dem einen oder anderen Thema Probleme hatten. Ich zum Beispiel hatte so eine Zeit, in der ich mir versprochen hatte, daß sich meine Kinder gesund ernähren sollten. Sie durften keine Süßigkeiten essen. Ich sagte dann immer: „Ihr werdet das nicht essen!" Wahrscheinlich habe ich es damals etwas übertrieben, was wir alle so lange machen, bis wir ein gesundes Mittelmaß gefunden haben. Mittlerweile weiß ich, daß es besser gewesen wäre, wenn ich meinen Kindern ab und zu ein paar Süßigkeiten erlaubt hätte.

Aber statt dessen habe ich ihnen verboten, Süßigkeiten zu essen, wodurch sie nur noch mehr Appetit darauf bekamen. Ich habe keine Probleme mit Süßigkeiten. Ich esse ein paar Süßigkeiten und dann reicht es mir. Meine Kinder sind da jedoch anders – sie essen für ihr Leben gern Süßigkeiten und meinen, daß sie dann gleich alles in sich reinstopfen müssen! Und ich frage mich, ob das daran liegt, daß ich es ihnen als Kinder nicht erlaubt habe.

Situationen wie diese können dazu führen, daß schon Kinder sich innerlich schwören: „Wenn ich hier raus bin, dann werde ich alles essen, was ich in die Finger kriege, das schwöre ich! Und niemand wird mir je wieder sagen, daß ich etwas nicht essen darf!“ Viele dieser Kinder entwickeln dann in der Tat im Erwachsenenalter Eßstörungen, weil sie sich so viele Dinge geschworen haben.

Gott möchte sogar bei deinem Appetit dabeisein! Wußtest du, daß es sehr schwer ist, Gott durch unsere Mauern hindurch zu hören? Wenn deine Beziehung zu Gott jedoch intensiver wird und du das Wort immer mehr in dir aufnimmst, wird Er dir auch bei deinem Appetit helfen. Er wird zu dir sagen: „Ich mag es nicht, daß du so viel ißt!“

Geld kann auch eine deiner Mauern sein. Vielleicht haben deine Eltern dir nie viel Taschengeld gegeben und du mußtest Dinge entbehren, die für andere ganz selbstverständlich waren. Vielleicht war auch das einzige Geld, das du ausgeben konntest, das, was du dir selbst verdient und gespart hast. Und vielleicht durftest du dieses Geld dann auch nur dazu verwenden, um dir Sachen zu kaufen, die du auch wirklich brauchtest, und nicht für Dinge, die du gerne wolltest. Vielleicht hattest du es dann eines Tages so satt, nie Geld zu haben, daß du dir selbst versprochen hast: „Wartet nur, bis ich hier raus bin! Dann werde ich mir alles kaufen, was und wann immer ich es will!“

Kaufsucht kann dann ein Resultat dieser inneren Schwüre sein. Es gibt Menschen, die ständig etwas kaufen müssen – sie können gar nicht anders!

Vielleicht solltest du einmal darüber nachdenken, was du dir in deinem Leben versprochen oder geschworen hast. Dinge, die du dir vor langer Zeit immer und immer wieder gesagt hast. Ich will hier nicht behaupten, daß alles, was wir uns selbst sagen, immer gleich zu einem Zwang führt. Ich rede hier von Dingen, die wir uns immer und immer wieder selbst versprochen haben. Mit diesen inneren Schwüren beschließen wir, wie wir Verletzungen in Zukunft vermeiden wollen.

Oder wie wär's mit dem? „Du darfst niemandem vertrauen!“ Wie oft habe ich mir das nicht schon gesagt! „Und Männern schon gar nicht! Die sind doch alle gleich!“ Ich möchte hier nicht verletzend sein, aber ich denke, daß manche Frauen Probleme in ihrer Ehe – und auch in ihrem Sexualleben – haben, weil sie sich immer wieder sagen: „Männer wollen doch eh nur das eine!“ Selbst in der Ehe, in der man doch gerne alles harmonisch haben möchte, denken Frauen manchmal: „Er liebt mich nicht wirklich! Er ist nur nett zu mir, wenn er mit mir ins Bett will!“ Hüte dich vor solch falschen Selbstgesprächen.

Mauern – ein gutes Versteck

Falsche Denkmuster können auch dazu führen, daß wir uns mit bestimmten Menschen erst gar nicht mehr einlassen. Wenn uns jemand verletzt hat, sagen wir vielleicht: „Mit dem will ich nichts mehr zu tun haben!" Die Folge davon ist, daß wir uns zurückziehen.

Vor mehreren Jahren hat mich eine Gruppe Christen sehr verletzt – das tat ganz schön weh! Mir hatte noch nie etwas so weh getan wie die Erfahrung von damals! Ich vertraute diesen Menschen mehr, als ich je jemand anderem vertraut hatte, und es dauerte fast drei Jahre, bis ich den Schock verkraftet hatte. Ich zog Mauern hoch – dicke Mauern –, und ich war entschlossen: *„Niemandem werde ich mehr so vertrauen – nie mehr wird mir jemand so etwas antun!"* Aber Gott stellt sich dein Gemeindeleben anders vor. Er möchte nicht, daß du jemanden außen vor läßt. Gott hat mir einmal ganz toll gezeigt, was es heißt, sich auf die Gemeinde einzulassen. Eines Tages trat ich mir selbst auf den Fuß, und das tat weh! Sofort habe ich meinen Fuß zurückgezogen, und während ich meinen Fuß so hielt, sprach Gott zu mir: „Jetzt bist du dir also selbst auf den Fuß gestiegen und hast dir weh getan, Joyce. Du hältst den Übeltäter fest, weil du nicht noch mal verletzt werden möchtest. Wenn du jedoch gehen möchtest, mußt du den Fuß wieder zurück auf die Erde stellen und das Risiko eingehen, daß er wieder auf deinen anderen Fuß tritt!" Ich hüpfte so lange nur umher, bis ich meinen einen Fuß wieder auf den Boden ließ und dann schließlich wieder normal gehen konnte.

Wenn jemand in deiner Gemeinde oder deiner Familie dir weh tut, ist die normale Reaktion, daß man sich zurückzieht. Der Herr hat mir gezeigt, daß Rückzug gleichbedeutend mit einem Menschen ist, der sein ganzes Leben lang auf nur einem Bein herumhüpft. Du verkrüppelst dich selbst, wenn du sagst: „Aua, das tut so weh! Das wird mir nicht mehr passieren!" Du baust eine Mauer und versteckst dich dahinter!

2. Verstellung

Wenn mich jemand verletzt hat, verspreche ich mir nicht nur etwas, sonder ich tue auch noch so, als wenn mir das alles gar nichts ausgemacht hätte! Nach dem Motto: *„Du kannst mir nicht weh tun, weil es mir nämlich gar nichts ausmacht!"*

Jemand fragt dich vielleicht: „Oh, habe ich dich jetzt verletzt?" Und du antwortest: „Nein, das macht mir nichts aus! Da stehe ich doch drüber!"

Es gibt ein paar großartige Textstellen in der Bibel, die von Verstellung handeln. In Psalm 51,8 heißt es zum Beispiel: *„Lauterer Sinn im Verborgenen gefällt dir, im Geheimen lehrst du mich Weisheit."*

Ich habe nicht vor, ein verbittertes Leben zu leben – ich will mein Leben genießen! Zu viele Jahre habe ich mit Bitterkeit zugebracht. Ich sagte mir: „Wer braucht mich denn schon? Ich werde meinen Weg alleine gehen!" Heute denke ich nicht mehr so, weil ich Gottes Heilung in meinem Leben erfahren durfte.

Menschen, die vorgeben, daß ihnen nichts etwas ausmacht, sind unfähig zu lieben und tun sich schwer damit, echte Beziehungen aufzubauen, und das bezieht sich nicht nur auf Frauen. Viele Männer verstellen sich, weil sie dieses Machobild in sich haben, weil sie meinen, daß ein Mann stark sein muß. Diese Männer werden auch verletzt, aber sie würden es nie zugeben. Nicht einmal ihren eigenen Frauen gegenüber würden sie es zugeben. Ich denke, daß sich Frauen in einer solchen Situation dann auch abgelehnt fühlen, weil sie selbst ihre Verletzungen und Nöte dem anderen genauso mitteilen wollen wie ihre Freude.

In Johannes 8,32 heißt es: *„Dann werdet ihr die Wahrheit erkennen, und die Wahrheit wird euch befreien."* Und in der Tat kann nur die W*ahrheit* wirkliche Freiheit bringen! Viele von uns, die versucht haben, ihr Leben im Glauben zu leben, konnten nicht gleichzeitig ehrlich zu sich selbst und zu Gott sein ... und wußten eigentlich auch gar nicht, wie man ein Leben in Glauben eigentlich lebt.

Wenn du alle zwei Sekunden niest, die Tränen dir übers Gesicht laufen und dich jemand fragt, ob du krank bist, hat es keinen Sinn, mit „Nein" zu antworten. Du wirst dich fragen: „Aber wenn ich jetzt zugebe, daß ich krank bin, wie kann ich dann geheilt werden? Ich glaube doch, daß ich geheilt werde!" Warum sagst du nicht einfach: „Ich fühle mich nicht gut – das haben Sie richtig erkannt. Mein Körper weist viele Symptome der Krankheit auf, aber ich glaube, daß Gott mich heilen wird. Auch wenn ich mich jetzt nicht gut fühle, ich glaube, daß *„... er, der in mir ist, größer ist als jener, der in der Welt ist"* (1. Johnes 4,4). Ich fände es toll, wenn du wie ich einfach glauben könntest, daß Gott uns von unseren Problemen befreien kann. Das bedeutet es, ein Leben im Glauben zu leben. Du mußt nicht lügen und vortäuschen, daß dir nichts etwas ausmacht.

Stell dir einmal vor, einer deiner Arbeitskollegen sieht, daß es dir nicht gut geht und fragt, ob du dich nicht wohlfühlst. Du erwiderst auf diese Frage nur: „Nein, danke, es geht mir gut.“ Später sieht dieser Arbeitskollege dann auf deinem Auto einen christlichen Aufkleber und denkt sich: „Oh, nein, schon wieder einer von *denen* – einer von diesen Oberfrommen, mit denen man nicht reden kann, weil die nie ehrlich zu einem sind!“

Oder stell dir vor, jemand hat dich verletzt und kommt dann zu dir und sagt: „Es tut mir leid, daß ich dir weh getan habe.“ Und anstatt „Danke!“ zu sagen, antwortest du: „Aber nein, mach dir doch keine Gedanken. Du hast mich doch gar nicht verletzt.“

Wieso können wir nicht einfach offen und ehrlich sein? Mittlerweile habe ich gelernt, ehrlich zu sein. Das war nicht immer so. Gott hat mir Ehrlichkeit geschenkt! Ich glaube nicht, daß ich all meine Probleme hätte überwinden können, wenn Gott mich nicht mit Seinem Geschenk der Ehrlichkeit ausgestattet hätte.

Viele Menschen sagen mir immer wieder: „Ich komme gerne zu Ihren Vorträgen, weil Sie so ehrlich sind! Sie erzählen alles so, wie es war. Und Sie tun nicht so, als ob Sie nie Probleme hätten!“ Das kommt daher, daß ich einfach so bin. Ich glaube nicht, daß ich anderen Menschen helfen könnte, wenn ich ihnen etwas vormachen würde.

Dave und ich versuchen, ehrlich zueinander zu sein. Manchmal sage ich zu ihm: „Dave, heute ist mir etwas passiert, das hat mir sehr weh getan. Betest du bitte für mich, daß ich das verkrafte und vergessen kann?“

Viele Jahre meines Lebens war ich jedoch auch nur ein großer Schauspieler – mein ganzes Leben war ein einziges Verstellspiel. Es gibt viele Menschen, die große Wunden und Verletzungen mit sich herumtragen, die jedoch von sich behaupten: „Mir geht es gut. Das macht mir doch gar nichts aus!“ Diese Menschen bauen ihre Mauern durch Täuschung auf.

Vor einiger Zeit unterhielt ich mich mit einem meiner Kollegen, der einige Semester Psychologie studiert hat, über Schutzmechanismen. Er erzählte mir, daß manche Menschen über den Tod eines Angehörigen dadurch hinwegzukommen versuchen, daß sie so tun, als wäre gar nichts geschehen. Sie sagen sich: „Nein, das ist gar nicht wirklich passiert. Das glaube ich einfach nicht!“ Aber damit macht man sich nur etwas vor. Aber du kannst dir nicht ein Leben lang etwas vormachen –

irgendwann mußt du der Wahrheit ins Auge sehen! Du mußt dir sagen: „Diese Person gibt es jetzt nicht mehr, und das tut weh! Ich werde diese Person vermissen, weil sie der wichtigste Mensch in meinem Leben war. Aber Gott ist mit meinem Leben noch nicht fertig. Er hat mich hier gelassen, und es gibt Dinge, die hier noch auf mich warten. Ich weiß, daß ich Zeit brauchen werde, um über das alles hinwegzukommen; aber mit Jesu Hilfe werde ich es schaffen!"

Wenn jemand gestorben ist, der dir sehr nahe stand, oder wenn du einen Verlust irgendeiner anderen Art erleidest, hilft es dir nicht, vor der Wahrheit davonzulaufen. Du baust nur ringsherum Mauern auf und wirst die Verletzungen nie mehr los.

Hast du auch schon einmal vorgegeben, daß dir etwas gar nichts ausmacht? Fällt es dir manchmal schwer, ehrlich zu anderen zu sein?

In Epheser 4,15 heißt es: *„Wir wollen uns, von der Liebe geleitet, an die Wahrheit halten (in allen Dingen wahrhaft reden, wahrhaft handeln und wahrhaft leben) …"* Zu jemandem ehrlich zu sein bedeutet jedoch nicht, sich vor diesen hinzustellen und zu sagen: „Was hast du denn heute für eine Frisur?" Wenn wir uns so verhalten, werden wir bald ohne Freunde dastehen! Ich habe das eine Zeitlang gemacht. Ich wußte, wie man anderen die Wahrheit sagen konnte, was mir jedoch fehlte, war Weisheit. In Epheser 4,15 heißt es weiter: *„Wir wollen in allem wachsen, bis wir ihn erreicht haben. Er, Christus, ist das Haupt."*

Nein, wir müssen nicht vorgeben, daß uns nichts etwas anhaben kann. Wir müssen nicht stark sein, und wir müssen auch keine Superchristen sein! Ablehnung tut weh! Aber wir können mit der Ablehnung leben, ohne Heuchelei, in Jesus Christus!

3. Selbstschutz

Es gibt verschiedene Arten, auf die wir uns vor Ablehnung schützen können. Manchmal schützen wir uns durch Wut: „Du hast mich verletzt, deshalb werde ich jetzt wütend! Ich werde den Schmerz dadurch von mir fernhalten, daß ich auf dich wütend werde. Ich werde dafür sorgen, daß es dir schlechter geht als mir. Du hast mir weh getan. Das zahle ich dir heim!"

Wenn mich jemand verletzt, gehe ich auf diese Person zu und erzähle ihr, was sie falsch gemacht hat, damit sie mich in Zukunft nicht mehr verletzt. Ich bin eine gute Lehrerin, und das kommt mir auch in meinem Privatleben zugute! Aber nicht jeder Mensch ist empfänglich für Kritik. Und so mußte ich lernen, abzuschätzen, wann ich jemandem etwas sagen kann und wann nicht.

Wenn wir Menschen sagen, was sie tun müssen, um uns glücklich zu machen, werden diese Dinge für die anderen zu Gesetzen. Ein Beispiel:

Dave ist sehr gut zu mir. Er ist einfach wundervoll! Aber es gibt bestimmte Dinge, die er gut kann, und bestimmte Dinge, die er weniger gut kann. Dave liegt es nicht, Geschenke zu kaufen. Dave kauft mir alles, was ich möchte – soweit es unsere finanziellen Mittel zulassen. Er sagt dann: „Was möchtest du? Komm, wir gehen in die Stadt und kaufen dir etwas!“ Er sagt immer: „Es hat doch gar keinen Sinn, wenn ich alleine losgehe und dir etwas kaufe. Du bringst es dann doch eh wieder zurück! Entweder gefällt dir die Farbe nicht, oder die Form oder was weiß ich was!“

Aber einer Frau ist es egal, ob sie das Geschenk nun zurückbringen muß oder nicht. Sie will einfach wissen, daß ihr Mann irgendwo da draußen unterwegs ist, um für sie ein Geschenk zu suchen. Einer Frau ist es egal, was der Mann mit nach Hause bringt. Für sie ist es wichtig, daß er sich überhaupt die Mühe gemacht hat, in die Stadt zu fahren und nach etwas Nettem für sie zu suchen. Sie möchte wissen, daß es ihren Mann nicht nur Geld, sondern auch persönlich etwas gekostet hat, dieses Geschenk für sie zu besorgen.

Dave, ich und unsere jüngste Tochter waren an einem Muttertagswochenende weggefahren. Meine Kinder hatten mich vor dieser Reise noch zum Essen ausgeführt. Wir waren also nur zu dritt unterwegs. Und ich war die einzige, die wußte, daß Muttertag war. Schließlich sagte ich zu meiner Tochter: „Wie wär's denn mit: ‚Alles Gute zum Muttertag!‘ Und sie sagte: ‚Oh, alles Gute zum Muttertag!‘“

Am Muttertag gingen wir in die Kirche und besuchten Freunde. Irgendwann fragte ich Dave dann: „Dave, was hast du mir eigentlich zum Muttertag gekauft?“ Er antwortete: „Du kannst haben, was du möchtest!“ Woraufhin ich sagte: „Dave – ich habe dich gefragt, was *du mir gekauft hast.*“ Woraufhin er nur fragte: „Ja, was möchtest du denn?“

Ich habe mich den ganzen Tag lang zurückgehalten, Dave zu mir zu rufen und ihm zu sagen: „Nun, Schatz, möchte ich dir ganz lieb erklären, wie weh mir das tut!“ Aber das hätte keinen Sinn gehabt! Weißt du, was passiert wäre, wenn ich das getan hätte? Beim nächsten Anlaß hätte er sich dann verpflichtet gefühlt, mir etwas zu kaufen, nur damit ich glücklich bin. Und mir hätte es nichts bedeutet, wenn es nicht von Herzen gekommen wäre.

An diesem Nachmittag hatten wir dann etwas Zeit, und ich sagte zu ihm: „Komm, wir wollen einkaufen gehen!“ Als wir dann in der Stadt waren, fragte ich ihn: „Kaufst du mir heute ein Muttertagsgeschenk?“ Und Dave antwortete: „Aber natürlich! Was möchtest du denn?“ Er hat mir dann ein wunderschönes Kostüm gekauft.

Das Kostüm hätte mir natürlich noch mehr gefallen, wenn Dave es selbst für mich ausgesucht hätte, aber das Entscheidende ist ja, daß Dave mich liebt und daß er so viele Sachen macht, die andere nicht machen, und wieso sollte ich mich dann über diese eine Sache, die er eben nicht so kann, aufregen?

Egal, mit wem du auch zusammen bist, die Menschen um dich herum werden sich nie so verhalten können, daß du 100prozentig zufrieden bist. Deshalb widerstehe ich auch der Versuchung, Dave vor mich zu zitieren und ihm zu erklären, was er machen muß, damit er mir nicht mehr weh tut. *Wir sollten unseren Schutz dem Herrn anvertrauen.*

Unmengen von Regeln für Beziehungen aufzustellen ist eigentlich nichts anderes als eine raffinierte Methode des Selbstschutzes. Wir sagen anderen, wie sie uns behandeln sollen, damit wir keine Schutzmauern bauen! Wenn wir jemand anderem dann sagen, was wir uns wünschen, kann das oft in einer ganzen Litanei von Regeln enden! Wenn wir es jedoch Gott überlassen, diesen Menschen zu zeigen, was gut für uns ist und was nicht, werden sie etwas lernen; und sie werden versuchen, uns nicht zu verletzen ... und das mit Freude, und nicht aus Zwang.

4. Verbale Verteidigung

Wenn wir dieses Verhaltensmuster anwenden, versuchen wir, andere davon zu überzeugen, daß wir recht haben.

Es ist interessant, daß Jesus sich nie verteidigt hat. Die Bibel sagt, daß Er in allem auf Gott vertraut hat. Als Er mißhandelt wurde, übergab Er alles, auch sich selbst, dem Einen, der gerecht richtet (siehe 1. Petrus 2, 23). Jesus war im Auftrag des Herrn unterwegs – tat Gutes und heilte vor allem all diejenigen, die vom Teufel gepeinigt wurden.

Wenn wir uns Gott ganz anvertrauen und uns für Seine Sache einsetzen, anstatt unsere Zeit damit zu verschwenden, uns selbst zu beschützen, werden wir erfahren, wie all unsere selbsterrichteten Mauern in sich zusammenfallen werden. Wir müssen andere durch unser Leben davon überzeugen, daß wir das Herz auf dem rechten Fleck haben.

Wenn auch du deine Verteidigung selbst übernommen hast, bitte ich dich, nicht zu vergessen, daß Jesus dein Verteidiger ist. Das bedeutet, daß Er dein Rechtsanwalt ist, der für dich eintritt und auf deiner Seite steht. Überlasse Ihm die Verteidigung.

5. Gekaufte Anerkennung

Segnest du andere Menschen, weil du sie liebst, oder weil du möchtest, daß sie dich lieben? Es gab einmal eine Zeit in meinem Leben, in der ich versuchte, mir die Anerkennung anderer zu erkaufen, so daß mir niemand mehr weh tun könne. Ich dachte mir, daß ich zu den anderen Menschen nur einfach sehr nett sein müßte, ihnen ab und zu Geschenke machen müßte, und schon würde mich nie mehr jemand verletzen. Und in bestimmten Beziehungen, in denen es mir wichtig war, akzeptiert und angenommen zu sein, tat ich das dann auch wirklich.

Aber meine Rechnung ging nicht auf. Ich dachte, daß ich in der Liebe wandelte, bis Gott mir zeigte, daß ich meine Liebe nicht einfach so verschenkte, sondern daß ich auch etwas dafür wollte. Ich machte anderen Geschenke, damit diese mich auch liebten – und mich so nicht verletzen konnten.

Wenn du Geschenke machst, solltest du dies immer mit der Absicht tun, dem anderen eine Freude damit zu bereiten, und nicht mit dem Hintergedanken, daß du den Empfänger dadurch an dich bindest und dieser das Gefühl hat, dir etwas schuldig zu sein.

Manchmal denken viele von uns: „Du wirst mich nie verletzen! Ich werde dich einfach so wundervoll behandeln ... Ich werde so gut zu dir sein ... Ich werde dir so viel Gutes tun, daß du immer mit mir zusammensein willst!“

Ich kenne eine Frau, die eine dicke Wurzel der Ablehnung in sich hat – ein enormes Unsicherheitsgefühl –, und sie zerstört alle ihre Beziehungen dadurch, daß sie ihre Gegenüber zu sehr einengt. Sobald sie jemanden findet, der sich für sie interessiert und mit dem sie sich auch eine Beziehung vorstellen könnte – sei es nun eine Frauenfreundschaft oder eine Beziehung zu einem Mann –, fängt sie sofort an, diese Person mit Geschenken zu überhäufen und ruft sie ständig an. Sie übertreibt es einfach. Sie benimmt sich nicht wie ein normaler Mensch.

Wenn du diese Frau auf dieses Thema ansprechen würdest, würde sie dir sagen, daß der Heilige Geist ihr das alles eingegeben hätte. Sie würde sagen: „Ich möchte doch nur nett zu den Menschen sein!" Sie will nicht wahrhaben, daß ihr Verhalten nichts anderes ist als der Versuch, Freundschaft zu kaufen. Sie versucht, sich vor Ablehnung durch gekaufte Anerkennung zu schützen!

Wenn wir bestimmte Dinge übertreiben, kann es sein, daß wir herrisch und anmaßend werden. Dann können unsere gutgemeinten Aktionen leicht ins Gegenteil umschlagen. Weshalb? Weil die Menschen merken, wenn sie benutzt werden.

Welche Verhaltensmuster zur Abwehr von Ablehnung weist dein Leben auf? Du mußt diese Muster erkennen und vor Gott bringen, so daß Er dir Freiheit schenken kann – Freiheit von der Wurzel der Ablehnung!

Kapitel 6

Ablehnung und Perfektion

Beim Umgang mit anderen sollte man nicht vergessen, daß niemand perfekt ist. Jeder von uns macht Fehler und sagt das falsche Wort zur falschen Zeit. In Beziehungen kann eine unrealistische Erwartungshaltung anderen gegenüber zu Problemen führen.

Wir Menschen haben ja die Tendenz, andere immer verändern zu wollen. Wir möchten sie so verändern, daß sie uns nicht mehr weh tun können. Am liebsten würden wir aber unser Leben in einem Brutkasten verbringen, wo uns nichts mehr etwas anhaben kann.

Viele Menschen verbringen einen Großteil ihres Lebens damit, zu erklären, daß sie nichts mehr verletzen kann. Sie unternehmen enorm große Anstrengungen, um sich vor Ablehnung zu schützen. Sie leben ein schrecklich einsames Leben, weil sie sich immer mehr von anderen zurückziehen und mit diesen nichts mehr zu tun haben wollen. Manche Menschen lassen sie zwar in ihr Leben, aber nur bis zu einem gewissen Punkt. Wenn die Beziehung jedoch tiefer und intimer zu werden droht, ziehen sie sich zurück und vermeiden jeden weiteren Kontakt mit diesen Personen.

Indem sie sich vor einer Art des Schmerzes schützen, erleben diese Menschen jedoch nur eine andere Form des Leides – Einsamkeit. Und Einsamkeit kann sehr schmerzhaft sein! Es tut weh, mit ansehen zu müssen, wie andere gute Freunde haben und eine schöne Zeit mit diesen verbringen, während man selbst niemanden hat. Wenn du zu diesen Menschen gehörst, dann denke ich, daß dir dieses Buch helfen kann. Ich denke, daß es ein großer Segen ist, Menschen, die unter den Schmerzen der Ablehnung leiden, Freiheit zu bringen!

Perfektion: Ein Mittel zum Schutz

Im letzten Kapitel haben wir gesehen, auf welche Arten sich die Menschen vor weiteren Verletzungen zu schützen versuchen. Wir haben gesehen, daß eine Art des Schutzes der gekaufte Schutz ist. In diesem Kapitel werden wir nun sehen, wie Menschen versuchen, sich den Schutz vor Ablehnung durch Perfektionismus zu erkaufen.

Was ist denn nun Perfektionismus? Ein Perfektionist sagt: „Ich werde dafür sorgen, daß du mich nie mehr zurückweisen kannst! Ich werde perfekt sein, und dann wirst du nie mehr einen Fehler an mir finden können! Und wenn du dann nichts mehr findest, was nicht o.k. ist, dann mußt du mich ganz einfach lieben! Du wirst mich nie mehr ablehnen können, weil ich nie mehr etwas machen werde, was dich wütend macht!"

Perfektion bedeutet, daß nichts Wichtiges fehlt, daß etwas von bester Qualität ist, fehlerlos, exakt, sehr gut. Vom weltlichen Standpunkt her mag das korrekt sein, vom geistlichen aus jedoch nicht. Wenn Sie das Wort *Perfektion* in der Bibel, in einem griechischen Wörterbuch oder auch in der *„Amplified Bible"* nachschlagen, hat dieser Begriff eine völlig andere Bedeutung.

In der Bibel hat Perfektion die Bedeutung von „zu völliger Reife gedeihen".[1] Es bedeutet nicht, daß du von diesem Tag, dieser Stunde und dieser Minute an nichts mehr schlecht machen darfst! Perfektion in der Bibel meint, daß wir Menschen sein sollen, die nach Perfektion, nach Vollkommenheit streben.

Versuchst du gerade, um jeden Preis perfekt zu sein? Bist du ein Workaholiker? Leidest du darunter, nie alles gut zu machen ... nie das Gefühl zu haben, daß du gut genug bist ... immer alles ein klein wenig zu schlecht zu machen? Denkst du, daß, wenn du alles besser und weniger Fehler machen würdest, Gott dich dann vielleicht mehr lieben und deine Gebete öfter beantworten würde ... und daß dich die Menschen dann vielleicht auch akzeptieren würden? Dann muß ich dir leider sagen, daß das nicht der Fall sein wird.

Die meisten Menschen, die die Wurzel der Ablehnung in sich tragen, leiden unter Perfektionismus. Ich selbst litt einen Großteil meines Lebens darunter. Gott hat mir auf diesem Gebiet sehr geholfen und zeigt mir auch heute noch, wie ich dieses Gefühl, perfekt sein zu müssen, loslassen kann.

Gott möchte, daß wir glücklich sind. Jesus sagte: „... ich bin gekommen, damit sie das Leben haben und es in Fülle haben“ (in vollem Umfang, bis es überfließt) (Johannes, 10,10). Er möchte, daß wir unser Leben genießen!

Ich habe für mich herausgefunden, daß, wenn ich das Leben nur dann genießen kann, wenn ich alles richtig gemacht habe, nicht viele Tage übrigbleiben, an denen ich mich gemütlich zurücklehnen und sagen kann: „Diesen Tag kann ich heute richtig genießen!“ Und wir müssen uns unsere Freude am Leben auch nicht erkaufen – nicht durch Geschenke und auch nicht durch Perfektion!

Zwei Wege zur Perfektion

Gott hat mir gezeigt, daß es zwei Wege zur Perfektion gibt – den legalen und den illegalen Weg. Der legale Weg bedeutet, durch das Blut des Lammes Jesus Christus perfekt zu sein. Er ist der einzig Perfekte. Wir sollen uns mit Ihm identifizieren und *„dem Siegespreis nachjagen: der himmlischen Berufung, die Gott uns in Christus Jesus schenkt“* (Philipper 3,14).

Mit der Perfektion ist das ja so eine Sache. Auf der einen Seite sagt uns die Bibel, daß wir perfekt, also vollkommen, sein sollen. Und auf der andere Seite sagt sie uns aber auch, daß wir durch unsere eigenen Werke nie perfekt sein können. Das hat mich immer frustriert! Ich fragte Gott dann immer: „Herr, warum sagst Du mir auf Seite 1053, daß ich etwas tun soll, und auf Seite 1054 dann, daß ich es gar nicht tun kann?“ Ich wußte damals noch nicht, daß Jesus, der einzig Perfekte, zur Rechten Gottes sitzt und immer für mich einsteht. Deshalb wird mir keine meiner Übertretungen angerechnet, denn durch Ihn bin ich vollkommen. Durch den Glauben habe ich Anteil an Seiner Perfektion!

Ich habe diese Wahrheit nicht verstanden – und so habe ich gearbeitet und gearbeitet – geschuftet und geschuftet – mich abgemüht und abgemüht ... weil ich Gott liebte und gut sein wollte. Weil ich alles richtig machen wollte! Und immer wieder machte ich Fehler ... Fehler ... Fehler! Ich ärgerte mich über mich selbst! Ich haßte mich! Und ich bemühte mich mehr und mehr! Aber das ist der falsche Weg! Er führt nicht zum Ziel!

Gott hat mir schließlich gesagt: „Menschen, die wie du nach diesem Schema vorgehen, versuchen, durch ihre eigene Arbeit, ihre eigenen Mühen und Werke perfekt zu werden. Diese Menschen versuchen, Vollkommenheit mit ihren Werken zu erkaufen! Sie versuchen auf illegalem Weg perfekt zu werden!" Damals hat Er mir gezeigt, daß es nur den einen, den legalen Weg gibt, um perfekt zu werden, und dieser Weg bedeutet, an Jesus Christus, den einzig Perfekten, zu glauben! Wir wissen – auch wenn wir diese Vollkommenheit momentan nicht in jedem Bereich unseres Lebens sehen können –, daß wir doch Jesus sehen! Das finde ich schön! Die Bibel sagt, daß uns alles zu unseren Füßen liegt; und daß wir Vollmacht über alle Dinge haben, auch wenn wir momentan noch nicht alles sehen können, was uns zu Füßen liegt. Aber trotzdem sehen wir Jesus!

Ich glaube fest daran, daß ich dabei bin, perfekt oder vollkommen zu werden. Von ganzem Herzen wünsche ich mir, vollkommen zu sein. Deshalb glaube ich, daß ich vor Gott schon perfekt bin, auch wenn ich mich noch auf dem Weg dazu befinde. Ich glaube, daß ich perfekt oder vollkommen „in Christus" bin. Das habe ich lange Zeit nicht verstanden. Ich dachte: „Nun gut, wenn ich jetzt schon vollkommen bin, wieso tue ich dann immer noch Dinge, die ich eigentlich gar nicht tun möchte? Warum mache ich immer noch Fehler?"

Einige Bibelstellen hierzu:

In 1. Thessalonicher 5,22-24 heißt es: *„Meidet das Böse (weicht davor zurück und laßt euch nicht darauf ein) in jeder Gestalt. Der Gott des Friedens heilige euch ganz und gar (trenne euch von weltlichen Dingen, mache eure Herzen rein und ganz Gott geweiht) und bewahre euren Geist, eure Seele und euren Leib unversehrt, damit ihr ohne Tadel seid, wenn Jesus Christus, unser Herr (der Messias), kommt. Gott, der euch (zu sich) beruft, ist treu; er wird es tun (Seine Versprechen halten und euch heiligen und bei sich halten)."*

In Hebräer 13, 21 u. 22 heißt es: *„Der Gott des Friedens aber (der den Frieden gemacht hat und ihn uns schenkt), der Jesus, unseren Herrn, den erhabenen Hirten seiner Schafe, von den Toten heraufgeführt hat durch das Blut eines ewigen Bundes (Testament), er mache euch tüchtig (vollkommen, perfekt) in allem Guten, damit ihr seinen Willen tut.*

Er (selbst) bewirke in uns, was ihm gefällt, durch Jesus Christus (den Messias), dem die Ehre sei in Ewigkeit (von Ewigkeit zu Ewigkeit). Amen.“

In 1. Petrus 5,10 heißt es: *„Der Gott aller Gnade aber (der allen Segen und Gnade schenkt), der euch in (der Gemeinschaft mit) Christus zu seiner ewigen Herrlichkeit berufen hat, wird euch, die ihr kurze Zeit leiden müßt, wiederaufrichten, stärken, kräftigen und auf festen Grund stellen.“*

Jagt dem Siegespreis nach

Erinnere dich einmal daran, was ich vorhin sagte: „Wenn du von ganzem Herzen perfekt sein willst und dem Siegespreis nachjagst, wirst du vor Ihm schon perfekt sein, auch wenn du dich noch auf dem Weg dazu befindest.“ Er sieht in dein Herz. Die Bibel sagt: *„Denn die Augen des Herrn schweifen über die ganze Erde, um denen ein starker Helfer zu sein, die mit ungeteiltem Herzen zu ihm halten ...“ (2. Chronik 16,9).* Früher habe ich immer nur den ersten Teil dieses Verses gelesen und gehört: *„Die Augen des Herrn schweifen über die ganze Erde.“* Dieser Satz machte mir angst. Ich dachte: „Oh, nein! Gottes Augen schweifen über die ganze Erde! Er sucht jemanden! Ich muß besser werden, weil Er mich braucht! Mit der Welt sieht es gar nicht gut aus! Gott kann mich nicht gebrauchen, so wie ich jetzt bin!“

Eines Tages habe ich dann durch Seine Gnade und Güte den ganzen Vers gelesen: *„Denn die Augen des Herrn schweifen über die ganze Erde, um denen ein starker Helfer zu sein, die mit ungeteiltem Herzen zu ihm halten.“*

In Philipper 1,6 heißt es: *„Ich vertraue darauf, daß er, der bei euch das gute Werk begonnen hat, es auch vollenden wird bis zum Tag Christi Jesu.“*

Du machst Fortschritte, indem du dem Siegespreis nachjagst! Gott hat mir etwas Wundervolles gezeigt! Er sagte zu mir: *„Auf der Straße des Lebens gibt es keine zwei Menschen, die sich an derselben Stelle befinden!“* Denke einmal darüber nach! Wir alle wurden in schlechten Zeiten durchgetragen. Wir haben unterschiedliche Erfahrungen in unserem Leben gemacht, und einige von uns tragen tiefere Verletzungen mit sich herum als andere. Manche Menschen jagen dem Siegerpreis mehr nach als andere. Ich bin Gott dankbar, daß er für jeden von uns einen eigenen Plan hat!

Der Herr hat mir gezeigt, daß, wenn die Trompete erklingt und Jesus kommt, wir Christen uns an ganz verschiedenen Abschnitten auf der Straße des Lebens befinden werden. Wir sind heute nicht alle gleich weit und werden es in Zukunft auch nicht sein. Aber jeder von uns hat ein ungeteiltes Herz für Gott, vor Ihm sind alle gleich. Diejenigen, die nicht so perfekt sind wie die anderen, brauchen Jesus einfach ein klein bißchen mehr. Aber Er ist vollkommen genug, um uns an Seiner Vollkommenheit teilhaben zu lassen!

Wir dienen dem einzig Perfekten, und Er tritt jetzt in diesem Augenblick für uns ein. Jesus sitzt zur Rechten des Vaters und bittet, jetzt, da ich dieses schreibe, für mich, daß alles, was ich nicht perfekt machen kann, letztendlich doch perfekt sein wird.

Lange Zeit habe ich versucht, immer alles richtig zu machen, damit andere mich nicht mehr zurückweisen konnten. Ich dachte mir: „Was ist, wenn ich Dinge sage oder tue, die anderen nicht gefallen?" Ich versuchte, Perfektion auf illegalem Wege zu erwerben! Ich sah nicht auf Jesus – den einzig Perfekten.

Eines Tages sagte Gott dann zu mir: „Joyce, du mußt dir keine Gedanken darüber machen, wie weit du sein wirst, wenn die Trompete erschallt! Egal, wo du dich auf der Straße des Lebens auch befindest, du wirst o.k. sein!" Ich weiß nicht, ob ich die Hälfte des Weges hinter mich gebracht haben werde, wenn Jesus kommt, oder auch nur ein Viertel. Vielleicht habe ich dann auch schon drei Viertel geschafft. Ich weiß es nicht, aber Jesus weiß es!

Lese die untenstehenden Bibelstellen einmal durch und achte darauf, wie oft das Wort vollkommen oder vollendet darin vorkommt.

„Ich vertraue darauf, daß er, der bei euch das gute Werk begonnen hat, es auch ***vollenden*** *wird bis zum Tag Christi Jesu (bis zum Tag seiner Wiederkunft)"* (Philipper 1,6).

„Nicht daß ich es schon erreicht hätte oder daß ich schon ***vollendet*** *wäre. Aber ich strebe danach, es zu ergreifen, weil auch ich von Christus Jesus ergriffen worden bin. Brüder, ich bilde mir nicht ein, daß ich es schon ergriffen hätte. Eines aber tue ich: Ich vergesse, was hinter mir liegt, und strecke mich nach dem aus, was vor mir ist. Das Ziel vor Augen, jage ich nach dem Siegespreis: der himmlischen Berufung, die Gott uns in Christus Jesus schenkt"* (Philipper 3,12–14).

In diesem Abschnitt erklärt der Apostel Paulus – dem Gott drei Viertel des Neuen Testamentes geoffenbart hat –, daß er noch nicht vollkommen ist!

Ich weiß nicht, wie es dir geht, aber für mich ist das eine ziemlich große Hilfe. Für mich bedeutet das, daß ich nicht jeden Tag mit dem Gefühl aufstehen muß, alles perfekt machen zu *müssen!* Ich muß jetzt nur jeden Tag aufstehen und entschlossen dazu sein, dem Siegespreis nachzujagen ... Ich darf vergessen, was hinter mir liegt, und mutig nach vorne sehen. Das bedeutet jedoch, daß ich die Fehler, die ich in den vergangenen 25 Jahren gemacht habe (und auch die, die ich vor fünf Minuten gemacht habe) auch wirklich hinter mir lassen muß!

Treffe eine Entscheidung

Wenn du so bist wie ich, dann wirst du dich jeden Tag mehrmals dazu entscheiden müssen, dem Siegespreis nachzujagen. Wenn ich (die ich mit all meiner Kraft versuche, mich meinem Mann unterzuordnen) meinem Mann Dinge sage, von denen ich wünsche, daß ich sie nicht gesagt hätte, muß ich trotzdem weiterjagen! Ich sage mir dann: „Na prima – jetzt hab' ich's wieder mal geschafft! Ich habe ihm widersprochen! Und dabei habe ich so auf Gott gehofft, daß er mir hilft, meinen Mund zu halten!“ Dann frage ich Gott: „Gott, werde ich denn nie meinen Mund halten können?“ Und weißt du, was er mir antwortete? „Bereue ... du kannst nichts mehr daran ändern ... jage dem Siegespreis weiter nach!“

Wenn du dem Siegespreis nicht immer wieder nachjagst, wirst du dich immer wieder in den Fallen deiner Fehler verfangen. Wenn du Fortschritte erzielen willst und weiterkommen willst, darfst du deine Zeit nicht damit verschwenden, über Dinge nachzudenken, die du falsch gemacht hast.

Paulus erzählt, daß er das Ziel vor Augen hat. Was ist aber dieses Ziel? Das Ziel heißt Vollkommenheit! Das Ziel eines Christen heißt, so wie Jesus zu sein! Das ist mein Ziel! Ich möchte Jesus ähnlich sein! Ich möchte wie Jesus sein und mich in jeder Situation so verhalten, wie Jesus es getan hätte!

Manchmal, wenn ich mich mit Dave streite, werde ich wütend auf mich selbst. Das ist jedoch, Gott sei Dank, schon besser geworden!

Und Dave sagt heute ab und zu zu mir: „Du bist jetzt eine ganz andere Frau. Du bist nicht mehr so, wie du früher warst! Du hast dich enorm verändert!“ Aber trotzdem mache ich noch immer Fehler.

Eines Tages hatte ich einen ziemlich harten Tag, und irgendwie muß ich Dave ständig provoziert und versucht haben, meine Meinung durchzusetzen. Am Ende dieses Tages dachte ich dann: „Und was hat mir das jetzt gebracht? Werde ich denn nie lernen, meinen Mund zu halten?“

Daraufhin sagte der Herr zu mir: „Joyce, du hast doch schon große Fortschritte gemacht. Weißt du, was mich glücklich macht? Daß du dir Gedanken machst. Es gibt so viele Menschen, die sich jeden Tag so verhalten wie du gerade, und die sich keine Gedanken darüber machen! Ich freue mich, wenn sich mein Volk Gedanken darüber macht, was ich denke – wenn die Menschen nichts Böses tun wollen und über ihre Sünden und Schwächen traurig sind.“

Plötzlich war die Wut, die sich innerlich in mir angestaut hatte, verschwunden! Wer hätte gedacht, daß man schon ein klein wenig mehr mit sich zufrieden ist, wenn man darüber nachdenkt, was Gott von einem denkt? Statt dessen setzen wir uns selbst dadurch unter Druck, daß wir versuchen, Vollkommenheit durch unsere Werke zu erkaufen. Und der Preis ist hoch – er kostet uns unsere Freude!

---

[1] Entnommen aus: James Strongs umfangreicher Bibelkonkordanz: „Greek Dictionary of the New Testament“ (Nashville: Abingdon, 1890), S. 71, #5052 Vine, Band III, S. 175+176.

Kapitel 7

Vollkommen ... durch Glauben!

Der Wunsch, vollkommen zu sein, wird dir die Freude rauben! Du wirst keine Zeit mehr haben, fröhlich zu sein. Du wirst keine Zeit mehr haben, bei Gott zur Ruhe zu kommen und dein Leben zu genießen. Du wirst nicht einmal mehr Zeit haben, Gott zu genießen. Viele Jahre war ich so damit beschäftigt, Gott vollkommen zu dienen, daß ich keine Zeit mehr hatte, Ihn zu genießen. Wenn das der Fall ist, wird Christsein zur Last.

Manchmal benutzen wir unseren „Glauben", um Gott um Häuser, Autos, Wohlstand, Freunde, Kinder, Geschäfte, Heilungen oder Erfolg zu bitten; und wir vergessen dabei ganz, Ihn um Vollkommenheit zu bitten! Wir machen uns selbst an die Arbeit! Jeden Tag stehen wir mit einer Liste von Dingen auf, die wir nicht tun dürfen ... und wir vergessen, Gott mit einzubeziehen ... also mißlingt die Aktion.

Während Jesus für uns zur Rechten des Vaters eintritt, muß Er sagen: „Sie haben noch immer nicht verstanden! Sie wissen noch immer nicht, daß sie ohne mich nichts tun können!"

Es gibt nur einen Weg, Vollkommenheit auf legale Weise zu erlangen, und der heißt Jesus Christus – durch sein Blut sind wir vollkommen. Es gibt keinen anderen Weg zur Vollkommenheit.

„Ihr, die ihr euch dem Gesetz unterstellen wollt, habt ihr denn nicht gehört, was im Gesetz (wirklich) steht?" (Galater 4,21). Das Gesetz des Alten Testamentes sagte: „Wenn du *all* dies tust, bist du o.k.!" Es war jedoch unmöglich, *all* diese Gesetze einzuhalten. Es war eine Last ... es war harte Arbeit! Es raubte den Menschen ihre Freude. Laß mich Vers 21 aus Galater 4 einmal anders formulieren: *„Ihr, die ihr euch*

Vollkommenheit durch eure Werke erkaufen wollt, werdet ihr auf das hören, was das Gesetzt wirklich sagt?"

In den folgenden Versen von Galater 4 fährt der Heilige Geist dann fort, dem Alten Bund den Neuen Bund gegenüberzustellen. Der eine war der Bund der Werke, wo man versuchte, von sich aus vollkommen zu sein. Der andere war der Bund des Versprechens, wo Gott sagt: „Alles, was ich von euch möchte, ist, daß ihr an mich glaubt! Schaut auf mich, ich werde euer Helfer sein!" Der eine ist der Bund der Werke und der andere der Bund des Glaubens. Und das gilt auch für jeden Aspekt unseres Lebens. In Galater 3,10 heißt es, daß diejenigen, die unter dem Gesetz leben, *zur Enttäuschung verdammt sind.*

Viele Menschen kommen jedoch gar nicht auf die Idee, Gott mit einzubeziehen, wenn es um Vollkommenheit geht. Eine meiner Lieblingspredigten handelt von Gottes Gnade. Ich nenne sie: „Gnade, Gnade und nochmal Gnade – Plus!" Als Gott mir diese Predigt gab, war ich gerade dabei, mich mit meiner Werkgerechtigkeit zugrunde zu richten. Ich arbeitete Tag und Nacht und versuchte, mir Vollkommenheit durch meine Leistung zu erkaufen; und ich zahlte einen hohen Preis dafür. Ich kannte keine Freude mehr. Meine Gesundheit litt darunter. Ich war innerlich ausgebrannt ... in meinem Kopf ging es drunter und drüber. Mir ging es schlecht.

Diese Art zu arbeiten, nimmt einem Menschen seine Kraft. Man wird schwach und müde. Jesus sagt in Mathäus 11,28: *„Kommt alle her zu mir, die ihr euch plagt und schwere Lasten zu tragen habt. Ich werde euch Ruhe verschaffen (Ich werde eure Seelen erleichtern und erfrischen)."*

Viele Christen plagen sich ab und versuchen, Gott durch ihre Werke zu dienen. Sie verbringen so viel Zeit damit, gut zu sein, daß sie keine Kraft mehr zum Beten haben, ganz zu schweigen davon, Gott oder das „königliche Leben" zu genießen, das Er uns schenkt.

Wenn ich von mir aus vollkommen sein könnte, würde Jesus, nachdem er Seinen Auftrag hier auf Erden vollendet hatte, bestimmt nicht Sein Amt als unser Fürsprecher bei Gott angetreten haben. Warum brauchen wir denn überhaupt einen Fürsprecher? Weil es zwischen uns und Gott eine Kluft gibt, und weil wir nicht wissen, wie wir diese Kluft überbrücken können. Deshalb hat Gott uns Jesus geschenkt, der die Kluft überbrückt.

Solange ich auf dieser Erde bin, wird es zwischen mir und Gott immer eine Kluft geben. Gott ist in allem vollkommen – ich bin es nicht! Aber Jesus, mein Fürsprecher, der die Kluft überbrückt – Er ist vollkommen! Er überbrückt diese Kluft Tag und Nacht für mich. Wenn ich diese Erde verlasse und in den Himmel komme, muß Er das nicht mehr tun. Aber solange ich hier bin, ist Er meine Vollkommenheit. In Christus bin ich vollkommen.

Gott hat uns erwählt … absichtlich

Die Bibel sagt uns, daß Gott absichtlich die Schwachen und Törichten der Welt erwählt hat, um die Weisen zu verblüffen (siehe 1. Korinther 1,27). Er möchte, daß die Weisen dieser Welt auf die aufmerksam werden, die Gott gebraucht. Er möchte, daß die Weisen nachdenklich werden und dann fragen: „… Der, wieso denn gerade der?" *Er möchte sie verblüffen!*

Vor einigen Jahren, kurz nachdem Gott mich in den Dienst berufen hat, schenkte Er mir eine Vision, in der Er mir zeigte, was Er mit mir vorhatte. Damals war ich noch sehr blauäugig, und so erzählte ich jedem von meiner Vision! Eines Tages kam dann ein junges Mädchen aus der Gemeinde auf mich zu und sagte: „Jemand hat mir erzählt, daß Sie davon überzeugt sind, eines Tages eine der größten Gemeinden des Landes zu haben, die je von einer Frau geleitet wurde! Haben Sie so etwas wirklich gesagt?"

Ich antwortete ihr: „Ja, ich glaube, das ist es, was Gott mir gesagt hat." Worauf sie nur erwiderte: „Ehrlich gesagt kann ich mir nicht vorstellen, wie jemand mit Ihrer Persönlichkeit das schaffen sollte!" Das sagte sie tatsächlich zu mir!

Am Anfang war ich stolz genug, um darauf nur mit einem Achselzucken zu antworten. Aber Gott mußte mich so weit erniedrigen, daß mir klar war, daß ich ohne Gott gar nichts tun konnte. Ich mußte ehrlich vor mir selbst werden und einsehen, daß ich ohne Gott nichts tun konnte.

Gott möchte, daß wir Positionen besetzen, an denen wir von der Welt gesehen werden, damit die Welt erkennt: „Das kann nur mit der Hilfe Gottes geschehen sein!"

Warum, denkst du, hat Jesus die Jünger gewählt, die Er gewählt hat? Wenn Er nach Vollkommenheit gesucht hätte, hätte Er wahrscheinlich keine Zöllner und auch keine Fischer ausgewählt! Zöllner waren zur Zeit Jesu verhaßte Menschen – keiner konnte sie ausstehen! Und dennoch sagte Jesus zu Matthäus: „Ich kann dich gebrauchen! Folge mir!" Alles was er tun mußte, um von Jesus angenommen zu sein, war, Ihm zu folgen. Jesus hat Seinen potentiellen Jüngern keinen Bewerbungsbogen in die Hand gedrückt, auf denen sie all ihre Qualifikationen aufführen mußten. Er hat auch nicht gesagt: „Ihr könnt ein paar Wochen bei mir bleiben, ich werde euch beobachten und sehen, wie viele Fehler ihr macht." Alles, was Er sagte, war: „Folgt mir! Seid meine Jünger! Lernt von mir und lernt, so zu sein wie ich, und ich werde euch zu Menschenfischern machen! Ich werde euch gebrauchen!"

Gott erwählt in der Tat die schwachen und törichten Dinge dieser Welt – absichtlich –, damit die Menschen diese sehen und staunend sagen: „Das muß Gott gemacht haben!" Genau das möchte Er! Er möchte uns gebrauchen und andere Menschen erkennen lassen, daß Er die Fäden in der Hand hält.

Ich erzähle den Menschen im ganzen Land: „Sie können sich gar nicht vorstellen, wie kaputt mein Leben war und wie kaputt auch ich war. Wenn ich Ihnen von meiner Vergangenheit erzählen würde, würden Sie mir wahrscheinlich nicht glauben. Aber jetzt stehe ich hier vor Ihnen. Was können Sie da anderes sagen als: ‚Das muß Gott gewesen sein!' Wenn ich aber jemand wäre, der noch nie Probleme hatte – jemand, bei dem alles glatt läuft und der immer das richtige Wort zur richtigen Zeit parat hat –, dann hätten Sie nicht Gott die Ehre gegeben, sondern Joyce Meyer. Gott und ich haben keine Probleme damit, wer von uns die Ehre bekommt – weil ich weiß, woher ich meine Kraft bekomme! Und die Tage, an denen ich Fehler mache, dienen mir als schmerzliche Erfahrungen, die ich so schnell nicht vergesse!"

Vor kurzem habe ich folgenden Satz gelesen: „Die größten Heiligen haben oft die größten Fehler – und das absichtlich –, weil sie so Gott mehr nützen." Denke einmal über diesen Satz nach! Was denkst du wohl, wie stolz und hochmütig wir wären, wenn wir einmal drei Tage lang keine Fehler mehr machen würden? Was glaubst du, wie wir uns dann verhalten würden? Ich glaube, daß wir dann jeden bevormunden würden. Jeder, der dann einen Fehler macht, müßte uns Rechenschaft ablegen und wir würden ihm erklären, was er machen müßte, um vollkommen zu werden – so wie wir! Wir wären stolz und hochmütig, und wir würden Gott nichts mehr nützen. Gott benutzt demütige Männer und Frauen und nicht diejenigen, die denken, daß sie alles alleine schaffen.

Das Streben nach geistlicher Reife

Geistliche Reife heißt nicht, daß man alles perfekt machen muß oder nie mehr einen Fehler machen darf. Geistliche Reife heißt, Jesus zu kennen und um die Kraft Seiner Auferstehung zu wissen. Wir wissen, daß wir immer Fehler machen werden. Wenn wir jedoch unsere Sünden bekennen und diese auch von ganzem Herzen bereuen, ist Er treu und vergibt uns unsere Sünden und reinigt uns von allem Unrecht (1. Johannes 1,9). Ich glaube, daß ein reifer Christ gelernt hat, unter dem Blut zu stehen und nicht mehr unter der Verdammnis.

In Philipper 3 sagt Paulus, daß er die Vollkommenheit zwar noch nicht erreicht hat, daß er dem Siegespreis jedoch weiter nachjagen wird. Ein reifer Christ versucht jeden Tag, sein Bestes zu geben – weil er Jesus liebt. Durch Jesu Tod am Kreuz sind wir vor Gott gerecht, und nicht durch unsere Versuche, Gott zu gefallen. Vergeude dein Leben nicht damit, Gott gefallen zu wollen, damit Er dich liebt oder größeren Segen auf dich legt. Gott ist Liebe. Er liebt dich schon bedingungslos, wenn du noch gar nicht weißt, daß es Ihn gibt. Er hat versprochen, dich nie zurückzuweisen, wenn du nur an Ihn *glaubst*.

Ein reifer Christ weiß, daß er immer wieder Fehler machen wird. Er weiß auch, daß es ihm nicht hilft, wenn er sich selbst haßt, ablehnt oder verurteilt. *Der reife Christ gibt sein Bestes und überläßt Jesus den Rest.*

Der Teufel ist immer zur Stelle, wenn es darum geht, jemanden wegen eines Fehlers zu verurteilen, sei der Fehler auch noch so klein. Er liebt es, wenn du dich tagelang schlecht fühlst – wenn du denkst, daß du ein Versager bist. Laß dich vom Teufel nicht einfangen. Wenn du dich selbst verurteilst, fällt es dir schwer, zu beten oder Gott in irgendeiner Weise zu dienen. Schuld und Selbstverurteilung setzen dich unter enormen Druck und haben viele Nebeneffekte. Nebeneffekte können zum Beispiel sein, daß andere mit dir nicht mehr auskommen, daß du dich körperlich schlecht fühlst oder daß du von anderen Vollkommenheit erwartest, weil du diesen Anspruch auch an dich selbst stellst. Unrealistische Erwartungen setzen Beziehungen großen Belastungen aus.

Unrealistische Erwartungen haben schon Ehen und andere Beziehungen zerstört, wie zum Beispiel die Beziehung zwischen Eltern und ihren Kindern. In anderen Worten bedeutet dies, daß Perfektionisten von ihrer Umwelt wie auch von sich selbst Perfektion erwarten.

Kinder brauchen *Zurecht*weisung – keine *Zurück*weisung. Sie brauchen Annahme und bedingungslose Liebe. Wir müssen andern vergeben können und dürfen nicht auf unser Recht pochen, kalt, hart und herzlos. Um vergeben zu können, muß uns auch vergeben worden sein! Vergiß nicht, daß, wenn du hart zu dir selbst bist, du dies wahrscheinlich auch zu anderen bist. Jesus sagte in Matthäus 11,29+30: *„Nehmt mein Joch auf euch und lernt von mir; denn ich bin gütig (sanft) und von Herzen demütig (bescheiden); so werdet ihr Ruhe (Erleichterung, Leichtigkeit, Erfrischung, Erholung und segensvolle Stille) finden für eure Seele. Denn mein Joch drückt nicht (ist nützlich, gut – nicht rauh, hart, scharf oder erdrückend, sondern bequem, gnädig und angenehm), und meine Last ist leicht."*

Wir sollten nie versuchen, uns oder anderen eine Last aufzulegen, die Jesus selbst nicht auflegen würde. Der Geist Jesu ist geduldig, erträgt lange, ist nachsichtig und langsam zum Zorn. Wir haben seinen Geist in uns, und wir können lernen, uns so zu verhalten, wie Er sich verhalten würde.

Möchtest du gerne wissen, ob du ein reifer Christ bist? Sich selbst zu verurteilen, ist kein Zeichen von Reife. Ein reifer Christ sagt: „Ich jage dem Siegespreis nach. Ich habe mein Ziel zwar noch nicht erreicht – habe den Preis noch nicht bekommen; aber ich werde weiter auf das Ziel zuarbeiten. Ich habe beschlossen, mich nicht mehr von Schuld und Selbstverurteilung bestimmen zu lassen. Ich werde nicht länger versuchen, herauszufinden, was mit mir nicht stimmt. Aber eines werde ich tun: Ich werde vergessen, was hinter mir liegt (meine Fehler) und dem nachjagen, was vor mir liegt (täglich größere Siege über das Fleisch)."

Bitte bedenke, daß Verurteilung ein Gefühl ist, das uns der Teufel eingibt, wenn wir Fehler machen. Dieses Gefühl wird für uns zur Wahrheit, wenn wir nicht wissen, daß unser Wert an Jesus festgemacht ist und nicht an unseren Werken. Wir leben durch den Glauben und nicht durch unsere Gefühle.

Was ist aber Vollkommenheit bei Gott? Bei Gott ist Vollkommenheit ein ungeteiltes Herz für Gott. Vollkommen ist jemand, der alles richtig machen möchte und dem Siegespreis nachjagt. Vollkommen ist jemand, der Jesus von ganzem Herzen liebt. Vor kurzem las ich einen interessanten Artikel, der besagte, daß viele Menschen Jesus lieben, daß die wenigsten aber in Ihn „verliebt“ sind. Wie verhältst du dich, wenn du in jemanden verliebt bist? Du denkst den ganzen Tag an ihn, läufst ihm nach, möchtest den ganzen Tag mit ihm zusammen sein und ihm helfen. So sollte es uns auch mit Jesus gehen! Wir müssen uns in Ihn verlieben, weil Er für uns am Kreuz gestorben ist. Wir sollten Ihm nachlaufen wie das Wild dem Wasser. In Psalm 42,1 heißt es: „*Wie ein Hirsch lechzt nach frischem Wasser, so lechzt meine Seele, Gott, nach dir.*“

Gott sucht nach Menschen mit ungeteilten Herzen und nicht nach Menschen, die immer alles richtig machen. Wir machen uns mehr Gedanken über unsere Schwächen, als Er es tut. Er weiß, daß unsere Schwächen ganz einfach Stellen sind, an denen Er Seine Stärke in uns wirken lassen kann.

Wir lehnen uns und andere ab, weil wir und andere nicht vollkommen sind. Andere lehnen uns ab, weil wir nicht vollkommen sind. *Gott aber lehnt uns nie ab, weil wir nicht vollkommen sind und Schwächen haben. Verlasse dich auf Gott!*

Paulus hatte den Galatern von der Freiheit in Christus erzählt – daß ihr Wert „in Christus“ war und nicht in ihren Werken. Allem Anschein nach hatten sie das auch verstanden und fingen an, ihren Wert an Christus festzumachen und das auch zu genießen. Dem Teufel gefiel das jedoch nicht, und so legte er ihnen immer wieder Steine in den Weg – und er wird auch dir immer wieder Steine in den Weg legen. Er wird immer wieder versuchen, dich unter das Gesetz zurückzubringen – unter das Gesetz der Perfektion, die du nur dadurch erreichen kannst, indem du alle Regeln und Vorschriften einhältst und nie einen Fehler machst. Paulus hat die Galater nicht nur angewiesen, der Freiheit zuzustreben, sondern dann auch an ihrer Freiheit und Unabhängigkeit festzuhalten.

Als sie ein gewisses Maß an Freiheit erreicht hatten, mußte Paulus mit ansehen, wie sie sich veränderten und wieder so wurden, wie sie vorher waren. Sie gaben ihre Freiheit auf und stellten sich wieder unter das Gesetz. In Galater 3,1 sagt er: „*Ihr unvernünftigen Galater, wer hat euch verblendet?…*“ Du kannst sicher sein, daß Satan immer alles daransetzen wird, zu verhindern, daß du dich von der Furcht vor Ablehnung und Unvollkommenheit befreist. Und wenn du dich dann ein Stückweit befreit hast, wird er versuchen, dir diese Freiheit wieder zu nehmen. Das ist einer der Gründe, warum ich manche Dinge in diesem Buch so oft wiederhole.

Ich weiß, daß Gott jenen Menschen, die sich in diesem „Leistungsdenken" verfangen haben, sehr viel offenbaren muß, bevor diese völlige Befreiung erleben dürfen. Ich freue mich, daß ich genau diesen Menschen, die ihr Leben lang versucht haben, Ablehnung durch Perfektion zu vermeiden, die Freiheit bringen darf. Ich selbst habe auf diesem Gebiet schon so viel gelitten, daß es für mich eine große Freude ist, anderen zu helfen, die Wahrheit zu erkennen.

In Galater 3,2+3 heißt es: *„Dies eine möchte ich von euch erfahren: Habt ihr den (Heiligen) Geist durch die Werke des Gesetzes oder durch die Botschaft des Glaubens empfangen? (Habt ihr ihn dadurch empfangen, daß ihr die Gesetzesrituale befolgt habt oder durch eine Botschaft des Glaubens?) Seid ihr so unvernünftig? Am Anfang (eures neuen geistliche Lebens) habt ihr auf den (Heiligen) Geist vertraut, und jetzt erwartet ihr vom Fleisch die Vollendung (durch Abhängigkeit)."*

Paulus hatte diese Christen gelehrt, daß sie nicht länger unter dem Gesetz, sondern im Zeitalter der Gnade leben durften, und dasselbe gilt auch für uns. Das Gnadenjahr ist ein Zeitabschnitt, in dem die Menschen nicht mehr unter dem Gesetz leben müssen, um Vollkommenheit zu erlangen. Gott wird Sein Gesetz in ihre Herzen und Gedanken schreiben und ihnen Seinen Geist schenken. Ihre Vollkommenheit werden sie durch Jesus Christus erhalten, dadurch, daß sie Ihm vertrauen und sich auf Ihn verlassen. Die Zeit, über die sie im Alten Bund gelesen hatten, war gekommen, aber sie konnten nur schwer daran glauben und sich an den Neuen Bund halten. Weshalb? Ich glaube, daß uns die Botschaft des Evangeliums zu einfach ist, daß wir nach etwas Schwererem suchen; es ist, wie das alte Sprichwort so schön sagt, fast zu schön um wahr zu sein. Deshalb tun wir uns auch so schwer, diese Botschaft anzunehmen und uns davon überzeugen zu lassen.

Auf diesem Gebiet muß dir Gott immer wieder neue Offenbarungen schenken, vor allem dann, wenn deine Vergangenheit nur aus Ablehnung und Minderwertigkeitsgefühlen besteht. Wenn du Gottes Wort *beständig* liest, wirst du mehr und mehr Freiheit auf diesem Gebiet erlangen und lernen, wie du dir die gewonnene Freiheit auch bewahren kannst.

Du wirst jedoch nicht von heute auf morgen völlige Freiheit erleben. Befreiung erfährst du Stück für Stück. In 2. Korinther 3,18 heißt es, daß wir *alle mit enthülltem Angesicht die Herrlichkeit des Herrn widerspiegeln und so in sein eigenes Bild verwandelt werden, von Herrlichkeit zu Herrlichkeit.* Wir werden von Herrlichkeit zu Herrlichkeit verwandelt. Laß dich nicht entmutigen, wenn du nicht so schnell voranzukommen scheinst wie die anderen. *Langsam vorwärtszukommen ist besser als gar nicht vorwärtszukommen,* und höchstwahrscheinlich bist du gar nicht langsamer als die meisten Menschen. Komme so oft zu Gott, wie du es brauchst, und bitte Ihn, daß Er dir auf den betreffenden Gebieten Offenbarungen und noch mehr Freiheit schenkt. Denke daran: Du kannst so oft du willst vor Seinen Thron treten und Ihn um Hilfe bitten. Er wird immer für dich da sein.

Ich kann dir gar nicht sagen, wie oft ich das selbst schon durchgemacht habe! Gott hat mir Offenbarungen geschenkt, und ich fühlte mich freier. Eine Zeitlang konnte mir der Teufel nichts mehr anhaben – ich fühlte mich nicht mehr schuldig und verurteilte mich auch nicht mehr. Dann rutschte ich jedoch in die alte Bahn zurück, und wieder mußte ich zu Gott gehen und Ihn auf diesem Gebiet um Hilfe bitten. Und das ging nicht nur einmal so. Es wiederholte sich immer und immer wieder, und es hat Jahre gedauert, bis ich wirklich davon befreit war.

Laß dich bitte nicht entmutigen, wenn du immer und immer wieder von vorne anfangen mußt. Der Heilige Geist ist geduldig. Er wird so lange mit dir arbeiten, bis du völlige Freiheit hast, egal, wie lange das auch dauern mag. Verfalle nicht dem Irrtum, daß Gott mit menschlichen Maßstäben mißt. Er weiß, daß wir alle unsere Schwächen haben. Vor drei Jahren hat mir Gott eine wunderbare Offenbarung zum Thema „Schwächen" geschenkt. Er hat mir gezeigt, daß jeder Mensch, solange er sich in seinem fleischlichen Körper befindet, Fehler machen wird!

Jeder macht Fehler! Sobald ich das verstanden hatte, war ich von dem Drang befreit, alles perfekt machen zu müssen, und das auch von anderen zu verlangen.

Die Bibel sagt des öfteren: „Gott gebe euch viel Gnade und Friede." Beachte, daß Gnade hier vor Frieden kommt. Ich mußte erst lernen, Gottes Gnade anzunehmen, bevor ich Frieden haben konnte. Gnade läßt mich mit Gottes Hilfe Dinge schaffen, die ich ohne Ihn nie geschafft hätte. *Gott bringt uns in Situationen, in denen wir uns auf Ihn verlassen müssen, und nur auf Ihn.* In 1. Korinther 13,10 heißt es: *„Wenn aber das Vollendete kommt, vergeht alles Stückwerk ..."*

Wenn Jesus zurückkommt, um uns zu holen, wird alles Bruchstückhafte und Unvollkommene keine Rolle mehr spielen. Und bis dahin habe ich das Privileg, mich auf Ihn verlassen zu können, und das tue ich auch.

Aber was hat das alles denn mit Ablehnung zu tun? Viel! Menschen zahlen den Preis der Perfektion, damit andere sie nicht ablehnen. Menschen versuchen mit aller Kraft, perfekt zu sein, damit Gott sie nicht ablehnt – obwohl Er uns doch so oft versichert hat, daß Er uns liebt und uns nie zurückweisen wird. Wir handeln aufgrund von *Gefühlen*. Wir *fühlen*, daß wir uns Gottes Annahme erkaufen müssen. Wir *fühlen* es! Und was ist der Preis dafür? Unsere eigene Perfektion!

Verstehst du jetzt, daß Ablehnung und Perfektion eng miteinander verbunden sind? Erinnere dich einmal daran, was Jesus gesagt hat: *„Ich bin gekommen, damit sie das Leben haben und es in Fülle haben"* (Johannes 10,10).

Ich glaube, daß dir beim Lesen dieses Buches die Augen geöffnet werden; daß du von nun an nicht mehr versuchst, dich durch Perfektion vor Ablehnung zu schützen! Ich glaube, daß du einem Tag in deinem Leben entgegengehst, an dem du Gott, dich selbst und dein Leben mehr als bisher genießen kannst. Verlasse dich auf Ihn; verlasse dich nicht auf das Gesetz.

Laß mich Galater 3,10 hier nochmals anführen: *„Alle aber, die unter dem Gesetz leben, stehen unter dem Fluch (All diejenigen, die versuchen, durch Befolgen der Gesetzesrituale gerecht zu werden)."* Ich möchte nicht, daß du weiter so wie bisher leben mußt, Gott möchte nicht, daß du noch weiter mit dieser Last herumläufst, und ich bin sicher, daß du auch nicht mehr so leben möchtest. Ständig an sich zu arbeiten und doch immer wieder enttäuscht zu sein, weil man das Ziel, das man sich gesteckt hat, wieder nicht erreicht hat, obwohl man sein Bestes gegeben hat. Um besser zu werden, braucht man mehr als nur einen guten Willen; man braucht Gott – man muß Ihm vertrauen!

Er erlaubt uns, uns anzustrengen, aber dieses Anstrengen muß Hand in Hand gehen mit dem Vertrauen auf Ihn. Keine Anstrengung ohne Ihn. Laß uns noch einmal Johannes 15,5 lesen: *„Ich bin der Weinstock, ihr seid die Reben. Wer in mir bleibt und in wem ich bleibe, der bringt reiche (viel) Frucht; denn getrennt von mir (abgeschnitten von der lebensnotwendigen Verbindung mit mir) könnt ihr nichts vollbringen."* Wir müssen nicht länger unter dem Fluch der Enttäuschung leben.

Jedesmal, wenn du einen Rückschlag erleidest und enttäuscht von dir selbst bist, schaue auf Jesus – den einzig Perfekten!

Und wie sieht es mit der Ablehnung durch andere aus? Jesus sagte: „Macht euch keine Gedanken darüber. Wenn sie euch ablehnen, lehnen sie mich ab!“ Das hat Er den siebzig Jüngern gesagt, als Er sie ausgesandt hat. Offensichtlich hatten diese sich Gedanken gemacht, ob sie von den Menschen angenommen würden oder nicht. Jesus sagte: „Wenn sie euch ablehnen, lehnen sie mich ab!“ Schaue nur auf Jesus. Er wurde auch abgelehnt! Aber die Bibel sagt: *„Der Stein, den die Bauleute verworfen haben, er ist zum Eckstein geworden …“* (Matthäus 21,42). Wenn du deinen Blick auf Jesus gerichtet hältst, werden diejenigen, die dich heute ablehnen, eines Tages zusehen müssen, wie Gott selbst dich erhöht – direkt vor ihren Augen! Diejenigen, die dich abgelehnt haben, werden zusehen und sagen: „Ich kann es nicht glauben!“ Und du wirst antworten: „Ich auch nicht!“ Aber die Bibel sagt: *„Für Menschen ist das unmöglich, für Gott aber ist alles möglich!“* (Matthäus 19,26).

Früher konnte ich mich nicht ausstehen. Eines Tages offenbarte mir Gott dann, daß Er alles aus dem Nichts heraus gemacht hat. Da dachte ich mir: „Gut, Gott! Wenn Du alles, was ich um mich herum sehe, aus dem Nichts heraus geschaffen hast, dann kannst Du bestimmt aus mir auch noch einiges machen! Bitte, tu es doch auch!“ Weißt du, ich denke, wenn Er die Bäume, die Sonne, den Mond und die Sterne, den Himmel, die Berge und die Meere aus dem Nichts geschaffen hat, dann kann Er aus einem Nichts wie mir bestimmt auch noch sehr viel machen! Ich weiß nicht, wie es dir geht, aber mir gab das sehr viel Zuversicht!

In Hebräer 7,25 heißt es: *„Darum kann er auch die, die durch ihn vor Gott hintreten, für immer retten; denn er lebt allezeit, um für sie einzutreten.“* Ist das nicht großartig? Er kann uns für immer retten – aus allen Nöten! Jesus errettet mich, egal, was ich auch getan habe! Ich kann mich selbst nicht retten, und du kannst das auch nicht! Aber Jesus kann mich retten, und Er kann auch dich retten!

Gott hat mir Freiheit geschenkt. Wenn ich jetzt einen Fehler mache, kann ich diesen gleich vor den Herrn bringen. Ich quäle mich nicht mehr mehrere Stunden mit Schuldgefühlen herum. Ich bringe es einfach vor Ihn und sage: „Jesus – Du bist der einzig Perfekte. Dein Blut ist noch immer auf dem Gnadenthron im himmlischen Allerheiligsten.

Dein Blut schreit: „Gnade, Gnade, Gnade für Joyce Meyer!" Jetzt, in diesem Moment, trittst Du für mich beim Vater ein! Ich traue auf Dich!"

Dies möchte ich dir an einem Beispiel verdeutlichen: Stelle dir einmal vor, ich ginge ins Theater und versuchte, mich mit einer ungültigen Karte durchzumogeln. Der Mann am Eingang würde dies bemerken und sagen: „Mit dieser Karte darf ich Sie leider nicht ins Theater lassen. Sehen Sie selbst! Auf der Karte steht keine Nummer mehr, und die Ecken sehen aus, als wären sie abgeknabbert worden!" Wenn ich jedoch den Besitzer des Theaters kenne und dieser in meiner unmittelbaren Nähe steht, könnte dieser auf den Kontrolleur zugehen und zu diesem sagen: „Lassen Sie die Dame bitte durch. Sie ist eine gute Freundin von mir!" Daraufhin müßte der Kontrolleur seine Meinung ändern und sagen: „Kein Problem! Kommen Sie nur herein!"

Genauso könnten wir sagen: „Ich bin ein guter Freund von Jesus! Er ist mein Freund! Und wenn mit meiner Eintrittskarte etwas nicht stimmt, wird Er sich darum kümmern! Ich verlasse mich auf Ihn!"

Kapitel 8

Menschenfurcht

Die Furcht vor Menschen führt dazu, daß wir versuchen, Menschen zu gefallen und nicht Gott. Jemand, der die Wurzel der Ablehnung in sich trägt, verfängt sich leicht darin, anderen gefallen zu wollen. Wir wollen Menschen gefallen, weil wir sie dadurch daran hindern, uns abzulehnen. Habe ich nicht recht?

Aber das ist ein Trugbild. Wenn das die Art ist, auf die du Freunde gewinnst, dann wirst du diese Freundschaften auch genauso pflegen müssen. Gefallsucht ist eine schlimme Fessel, vor allem dann, wenn deren Ursachen in Menschenfurcht und in der Furcht vor Ablehnung begründet sind.

In diesem Kapitel möchte ich dir zeigen, daß es Sünde ist, den Menschen gefallen zu wollen und nicht Gott! Das hast du vielleicht noch nie so gesehen. In Römer 14,23 heißt es: „... *Alles, was nicht aus Glauben geschieht, ist Sünde.*" Wenn ich versuche, Menschen zu gefallen, tue ich das bestimmt nicht aus Glauben. Ich handle aus der *Furcht* vor Menschen und nicht aus *Glauben* an Gott.

Was aber ist Sünde? Wenn du das Wort „*Sünde*" nachschlägst, findest du als Erklärung: „am Ziel vorbeischießen"[1] – also Gottes Willen nicht entsprechen. Gottes Wille für uns ist, daß wir uns vom Heiligen Geist leiten lassen und nicht von dem, was andere Menschen sagen oder möchten.

Das bedeutet jedoch nicht, daß wir nie das tun sollen, was andere von uns möchten, sondern daß Gottes Wille immer an erster Stelle stehen muß. Wir dürfen nicht tun, was andere von uns verlangen, wenn das, was sie verlangen, nicht mehr dem Willen Gottes entspricht. Mögen uns die Menschen dann auch ablehnen! Wir sollten immer zuerst Gott gefallen wollen, und dann erst den Menschen.

Einen Großteil dieses Buches habe ich dem Versuch gewidmet, dich von deinen Minderwertigkeitsgefühlen zu befreien. Und ich habe jetzt erst recht nicht vor, dem Feind eine Tür zu öffnen. Leider weiß ich aber auch, daß, selbst jetzt, da ich diese Zeilen schreibe, sich einige schon in der Falle verfangen haben, anderen Menschen gefallen zu wollen. Wenn ich sage, daß Gefallsucht Sünde ist, tue ich das, um dir die Augen darüber zu öffnen, wie ernst dieses Problem ist. Ich will dich hier ganz bestimmt nicht verurteilen. Ich möchte dir lediglich etwas mitteilen. Gott benutzt mich oft, um anderen Menschen etwas mitzuteilen, um ihnen aufzuzeigen, was sie in ihrem Leben anders machen könnten. Er benutzt Sein Wort und Seinen Geist, um uns zu helfen.

Ich schreibe diese Zeilen mit der Hilfe des Heiligen Geistes. Der Heilige Geist überführt die Menschen ihrer Sünde, aber er verurteilt sie nie. Gott zeigt uns unsere Fehler auf, damit wir diese zugeben und sie bereuen, um dann die Kraft des Heiligen Geistes geschenkt zu bekommen. Dann erst können wir Ihm erlauben, uns zu helfen, unser Leben ohne diese Sünde zu leben.

In Hebräer 4,15 heißt es, daß Jesus unsere Schwächen und Versuchungen versteht. Und das tut Er ganz bestimmt! Was Er jedoch nicht möchte, ist, daß die Menschen sein Verständnis als Ausrede benutzen, um in ihren Sünden verhaftet zu bleiben, und sich von ihren Fesseln nicht befreien können.

Von Menschenfurcht und Gefallsucht frei zu werden, ist bestimmt nicht einfach. Dazu gehören viele Offenbarungen darüber, was es damit eigentlich auf sich hat und was damit alles zerstört werden kann. Und dazu gehört auch ernsthafte Entschlossenheit und der starke Wille, wirklich frei zu werden. Du wirst auch Erfahrungen mit Geistern machen, die versuchen, dich zu manipulieren und zu überwachen. Und diese Geister geben nicht so schnell auf.

Jahrelang habe ich mich immer selbst entschuldigt und habe so natürlich nie große Fortschritte gemacht, weil ich mir immer sagte: „Ich kann nichts dafür. Ich bin mißbraucht worden. Ich habe eben diese Ängste. Ich kann nichts dagegen tun.“ Solche und ähnliche Entschuldigungen halten viele Menschen gefangen. Die Entschuldigungen mögen der Wahrheit entsprechen, aber die Wahrheit des Wortes Gottes ist stärker als die Wahrheit ihrer Vergangenheit.

Jesus versteht uns zwar, aber Er möchte nicht, daß wir uns weiter von Menschenfurcht fesseln lassen. Ich glaube, daß Gott dich dieses Buch lesen läßt, weil Er möchte, daß du von diesen Fesseln loskommst und daß du diese Geister erkennst, wenn sie dich wieder befallen. Ich glaube, daß deine Liebe zu Gott, dein Wunsch, Ihm zu gefallen und deine Entschlossenheit, dem Feind entgegenzutreten und ihm nicht zu erlauben, dein Leben von manipulierenden und kontrollierenden Geistern bestimmen zu lassen, dir helfen wird, dich tapfer dagegen zu wehren, anderen Menschen gefallen zu wollen.

Gott schenkt uns die freie Auswahl und den freien Willen. Er möchte, daß wir uns freiwillig für Ihn und Seine Wege entscheiden – er zwingt uns nicht dazu. Satan allerdings wendet gerne Druck an, manipuliert und kontrolliert, um uns unserer Freiheit zu berauben. Eine der Lieblingswaffen des Teufels ist die Wurzel der Ablehnung, die in so vielen von uns steckt. Furcht vor der Ablehnung und Furcht vor Menschen sind im Grunde ein und dasselbe.

Die Furcht vor Menschen – die Angst, die Anerkennung anderer zu verlieren, alleine zu sein, Angst vor dem Gerede der anderen, Angst davor, ausgelacht zu werden, Angst davor, was andere über uns reden oder denken könnten und viele andere Ängste halten uns davon ab, uns der Leitung des Heiligen Geistes anzuvertrauen. Der Teufel weiß, daß Gott einen Plan für dein Leben hat, und sein Ziel ist es, dich davon abzuhalten, diesen Plan zu verwirklichen.

Wenn du von diesen Geistern frei werden willst, die ich dir gerade aufgezeigt habe, mußt du entschlossen sein, diesen gegenüberzutreten. Du wirst sie nie loswerden, wenn du immer nur davonläufst und dich vor der Verantwortung drückst. Wir müssen der Wahrheit ins Auge sehen und dürfen sicher sein, daß Jesus immer bei uns ist, um uns zu stärken uns zur Seite zu stehen. Der einzige Weg, ein Problem zu lösen und somit dafür zu sorgen, daß dieses keine Macht mehr über uns hat, ist der, das Problem anzupacken und dem Heiligen Geist zu erlauben, uns zu zeigen, wie wir vorgehen sollen.

Ich werde nie einen persönlichen Sieg erzielen, wenn ich mich immer durch Wunder von meinen Problemen befreien lasse. Es mag sein, daß Gott uns einige Siege auf diesem Weg erzielen läßt, aber das wird nicht immer so sein. Er möchte uns Kraft schenken, damit wir dem Feind selbst gegenübertreten können (mit Seiner Hilfe und Kraft) und so einen persönlichen Sieg erzielen.

Fürchtet euch nicht!

In der Bibel steht zwar: „*Fürchtet euch nicht …*“, aber trotzdem haben wir manchmal das Gefühl, daß Gott sagt: „*Empfindet keine Furcht …*“ Wenn ich früher Fucht *empfand*, kam ich mir immer wie ein Feigling vor. Wenn ich Furcht empfand, kam ich mir schlecht vor. Oft war es dann der Fall, daß gerade dann, wenn ich auf einem Gebiet Fortschritte zu machen schien, ich von einer ungemeinen Angst befallen wurde. Ich betete dem Tag entgegen, an dem ich endlich keine Angst mehr haben würde! So bat ich schließlich auch Freunde, zu beten, daß die Angst mir nichts mehr anhaben konnte! Gott hat mir dann jedoch vor einigen Jahren etwas offenbart, was mein ganzes Leben verändert hat, und woran ich selbt noch oft denke.

Durch die ganze Bibel klingt der Satz: „*Fürchtet euch nicht … Fürchtet euch nicht … Fürchtet euch nicht!*“ Er warnt uns vor dem Geist der Furcht. Er sagt: „Der Geist der Furcht wird euch angreifen und euch Steine in den Weg legen, damit ihr nicht so schnell vorwärts kommt.“

Bei Josua im ersten Kapitel wird erzählt, daß Gott zu Josua sagte, daß er die Arbeit vollenden würde, die Gott mit Mose angefangen hatte. In Josua 1,9 heißt es: „*… Sei mutig und stark. Fürchte dich also nicht, und hab keine Angst; denn der Herr, dein Gott, ist mit dir bei allem, was du unternimmst.*“

Gott hätte Josua nicht gewarnt, wenn nicht die Möglichkeit bestanden hätte, daß Josua es angesichts dieser großen Aufgabe mit der Angst zu tun bekommt. Gott sagte zu Josua: „Ich gebe dir jetzt einen Auftrag, und so wahr ich hier mit dir spreche, wirst du gegen die Angst anzukämpfen haben, die versuchen wird, dich an der Erfüllung dieser Aufgabe zu hindern!“ Hat Gott zu Josua gesagt, daß er keine Furcht *empfinden* darf? Nein, das hat Er nicht!

Das Wort „*Furcht*“ bedeutet „Flucht“ oder „vor etwas davonzurennen“[2]. Anstatt diesem „Fürchte dich nicht“ in Josua, Kapitel 1, könnte man auch sagen: „Josua, wenn du Furcht *empfindest*, dann lauf’ nicht einfach davon!“

Verstehst du jetzt, was ich meine? Gott sagt: „Lauf’ nicht davon, wenn du Furcht empfindest! Du weißt doch, daß ich bei dir bin, was kann dir also passieren? Höre auf mich und tu’, was ich dir gesagt habe!“ Gott hat nicht gesagt: „Du darfst niemals Furcht *empfinden!* Tust du es doch, bist du ein großer Feigling!“

Furcht hat auch Auswirkungen auf unser körperliches Wohlbefinden. Man fängt zum Beispiel an zu zittern, das Herz schlägt schneller, der Mund wird trocken, und man schwitzt. In der Bibel finde ich keine Stelle, an der Gott sagt: „Joyce Meyer, du darfst nicht schwitzen, nicht zittern und auch nicht aufgeregt sein! Und dein Herz darf nicht anfangen, wie wild zu schlagen, wenn du dich in neuen oder schwierigen Situationen befindest!"

Geht es dir auch so, daß du das Gefühl hast, daß der Geist der Furcht dich überfällt, wenn du neue Dinge kennenlernst? In dem Moment, in dem du versuchst, dir Freiheit zu verschaffen, wird der Geist der Furcht dich angreifen und versuchen, Herr über dich zu werden. Wenn die Zeit der Befreiung für dich gekommen ist, mußt du der Person oder der Situation, vor der du Angst hast, mutig gegenübertreten. Es ist dann an der Zeit, auf diese Menschen zuzugehen und mit diesen zu reden, auch wenn du große Angst davor hast. Es wird Zeit, daß du anfängst, anders über dich selbst zu denken. Furcht wird immer versuchen, dich zu fesseln. Du kannst dich nur befreien, indem du dich auf die Hinterbeine stellst und entschlossen sagst: „Ich weiß, daß Gott zu mir hält. Ich gebe nicht auf!"

Was werden andere über uns denken und sagen?

Menschenfurcht – was ist das eigentlich? Furcht vor Menschen bedeutet, sich Gedanken darüber zu machen, was andere Menschen über uns denken könnten! *Aber obwohl uns die Gedanken der anderen eigentlich gar nichts anhaben können,* beugen wir unsere Knie vor dem Feind, weil wir ganz einfach Angst davor haben, daß andere schlecht über uns denken könnten. Meistens wissen wir jedoch nicht wirklich, was andere denken, aber die Wurzel der Ablehnung wird uns immer das Schlimmste annehmen lassen.

Wir erlauben dem Teufel also zu sagen: „Was werden die über dich denken, wenn du das tust? Wenn du dich jetzt nach vorne wagst und es versuchst und es gelingt dir nicht – was werden die anderen da von dir denken? Sie werden denken, daß du eine Niete bist. Sie werden das denken, und das, und das, und das . . ." Warum lassen wir es zu, daß die Gedanken anderer unser Leben bestimmen? Wenn sie Probleme haben, werden sie sowieso über uns denken, was sie wollen, egal, was wir tun!

Menschenfurcht ist die Furcht davor, was andere über uns denken könnten. Aber es ist auch die Furcht davor, was andere sagen oder tun könnten, und auch davor, was andere nicht sagen oder tun könnten! Wenn ich etwas tue und sie damit nicht einverstanden sind, werden sie mich ablehnen, und sie werden mich nicht mehr zu ihren Freunden zählen. Sie werden nicht mehr mit mir reden und mich einfach ignorieren. Und ich bleibe zurück – mit dem Schmerz der Ablehnung in mir.

Ich werde dir anhand von mehreren Bibelstellen aufzeigen, daß Satan gerne unsere Furcht vor Ablehnung benutzt, um uns davon abzuhalten, das zu tun, was Gott von uns möchte. Sehen wir uns einmal an, was Paulus in Galater 1,10 schreibt: *„Geht es mir denn um die Zustimmung der Menschen, oder geht es mir um Gott? Suche ich etwa Menschen zu gefallen? Wollte ich noch den Menschen gefallen, dann wäre ich kein Knecht Christi (des Messias).“*

Wenn wir ehrlich sind, gefällt es uns ganz gut, beliebt zu sein. Als ich zur Schule ging, mochten mich die meisten Kinder nicht, und deshalb hätte ich es gerne gehabt, daß meine Kinder von ihren Klassenkamaraden angenommen würden. Diese Rechnung ging jedoch nicht auf! Manchmal wünschen wir uns die verrücktesten Sachen. Ich habe mir immer gewünscht, daß meine Töchter einmal umschwärmte Cheerleader würden und meine Söhne Football–spielende Märchenprinzen. Es tat mir im Herzen weh, mit ansehen zu müssen, daß auch sie nicht viele Freunde oder Verabredungen hatten. Eines Tages sagte der Herr jedoch zu mir: „Du möchtest, daß deine Kinder viele Freunde haben, weil du selbst dich immer nach Freunden gesehnt hast. Ich bewahre deine Kinder vor Unsinn. Ich habe einen Plan für ihr Leben!“

Junge Menschen, die beliebt sind, entwickeln sich manchmal in die falsche Richtung, weil sie unter einem enormen Druck stehen, all ihre Freundschaften aufrechtzuerhalten. Wenn Gott meine Gebete erhört hätte und meine Kinder die beliebtesten Kinder der ganzen Schule geworden wären, wer weiß, was dann aus ihnen geworden wäre. So haben sich jedoch all unsre Kinder in den Dienst des Herrn gestellt. Die älteren haben einen gläubigen Partner gefunden und sind mittlerweile verheiratet, und ich weiß, daß Gott auch an eine gute und gläubige Frau für unseren Jüngsten gedacht hat, der noch zur Schule geht. Was wäre aber passiert, wenn Gott meine Gebete beantwortet hätte und meine Kinder auf einmal beliebt gewesen wären? Es ist wichtiger, bei Gott beliebt zu sein als bei den Menschen!

Sei nicht traurig, wenn dein Telefon nicht alle 10 Minuten klingelt und auch keine 20 Leute dir die Tür einrennen. Suche Gott und erlaube Ihm, dir die Menschen zu schenken, die gut für dich sind. Wenn du nämlich eine Freundschaft beginnst, mußt du diese auch pflegen; und Freundschaften mit „beliebten" Menschen zu pflegen kann oft sehr anstrengend sein.

Vor Jahren, als ich noch nicht in den Dienst getreten war, war ich Mitglied einer Kirchenorganisation. In dieser Organisation gab es eine Gruppe von Menschen, zu der ich unbedingt dazugehören wollte. Ich arbeitete hart daran, von diesen Menschen akzeptiert zu werden, tat ihnen Gefallen, spielte mich in den Vordergrund und beeindruckte sie so lange, bis ich endlich eine von ihnen war. Nach kurzer Zeit mußte ich jedoch feststellen, daß der Preis für diese Freundschaften meine Freiheit war!

Weißt du, was dann passiert ist? Als ich die Geistestaufe empfing und Gott mich in den Dienst berufen hat – als ich anfing, die Dinge zu glauben, die ich jetzt glaube und auch anfing, dem Siegespreis nachzujagen –, kamen diese Menschen auf mich zu und sagten: „Wenn du wirklich an die Dinge glaubst, die du zu glauben vorgibst, dann wollen wir nichts mehr mit dir zu tun haben! Entweder wir ... oder dein Glaube!" Und diese Menschen waren Christen! Wenn der Feind kann, wird er sogar deinen besten Freund benutzen, um dich vom Willen Gottes wegzubringen! Deshalb ist es auch so wichtig, daß du in deinem Herzen weißt, was Gott zu dir sagt.

Die Bibel sagt, daß Jesus sich selbst erniedrigte und Gott Ihn daraufhin über alles erhöhte (siehe Philipper 2,7-11). Wenn wir uns Gedanken über unseren Ruf machen, dann können wir gleich wieder umkehren! Wenn es unser Ziel ist, unseren guten Ruf aufrechtzuerhalten – wenn wir noch immer versuchen, beliebt zu sein –, stehen dem Teufel Tür und Tor unseres Lebens offen. Alles, was er noch tun muß, ist, für etwas Ablehnung zu sorgen, und schon fallen wir in uns zusammen!

Dem Siegespreis nachzujagen, ist kein Beliebtheitswettbewerb!

Hast du verstanden, was Paulus in Galater 1,10 gesagt hat? Er hat gesagt: „Wenn ich bei den Menschen beliebt sein wollte, würde ich Gott nicht dienen!“ Wie viele Menschen gibt es wohl, die ihren Weg nicht mit Gott gehen, weil sie, wenn sie es täten, bei den Menschen nicht mehr beliebt wären?

Jedes Mal, wenn Gott mir in meinem Dienst etwas Neues eröffnen wollte, hat Satan eine größere Attacke gegen mich gestartet. Und jedes Mal kam diese Attacke in Form von Menschen, die mir zu dem Zeitpunkt am nächsten standen. Es ist ein Trugschluß, zu glauben, daß der Feind für seinen Zweck Menschen aussuchen wird, die dir gleichgültig sind! Die Menschen, die dir am nächsten stehen, werden dir zu verstehen geben: „Wenn du dich nicht so verhältst, wie wir es gerne hätten, wirst du ein Fremder für uns sein. Wir werden dich nicht mehr kennen!“

Menschen, die die Wurzel der Ablehnung in sich tragen, werden vor dieser Art von Druck in die Knie gehen und nicht einmal bemerken, daß sie in die Knie gehen. Menschen mit der Wurzel der Ablehnung werden versuchen, andere glücklich zu machen, sie zum Lachen zu bringen und sich bei ihnen beliebt zu machen – koste es, was es wolle.

Ich rufe dich hier nicht zur Rebellion auf. Ich sage nicht, daß du von heute an immer nur das tun sollst, was du willst. Davon rede ich nicht! Menschen, die Autorität über dich haben, diese aber nicht ausnutzen, solltest du vertrauen und auf sie hören. Worüber ich hier rede, sind Menschen, die versuchen, dein Leben zu bestimmen, die jedoch überhaupt kein Recht dazu haben. Manchmal kommt es aber auch vor, daß diejenigen, die Autorität über dich haben, versuchen, dich zu manipulieren und zu bestimmen. Wenn diese Menschen jedoch göttliche Autorität über dich ausüben, werden sie dir dabei helfen, herauszufinden, welchen Plan Gott für dein Leben hat. Diese Menschen werden nicht versuchen, ihre Autorität dazu zu benutzen, um ihr eigenes Glücksgefühl zu steigern.

Sehen wir uns jetzt einmal Johannes 12,42 an: *„Dennoch (trotz alledem) kamen sogar von den führenden Männern (leitende Persönlichkeiten und Adlige) viele zum Glauben an ihn, aber wegen der Pharisäer bekannten sie es nicht offen, um nicht aus der Synagoge ausgestoßen zu werden.“*

Ich wurde von meiner Gemeinde verstoßen, nachdem ich die Geistestaufe empfangen und Gott mich in den Dienst berufen hatte. Die Gemeindeleitung bat mich, zu gehen. Das war sehr schlimm für mich, weil mein ganzes Leben in diese Kirche eingebettet war. Und schließlich hatte ich mich ja auch sehr darum bemüht, von ihnen akzeptiert zu werden! Du hättest sehen müssen, was ich nicht alles getan habe, damit mein Mann in den Ältestenrat gewählt wurde! Ich wollte, daß mein Mann eine wichtige Persönlichkeit wird!

Menschen, die ihren Wert nicht an Jesus festmachen, sind ständig auf der Suche nach Dingen, die ihnen Bedeutung verleihen. Sie müssen angesehene Freunde haben, die entsprechende Positionen bekleiden und durch deren Freundschaft sie sich wichtig vorkommen. Deshalb setzen sie auch alles daran, um selbst in so bedeutende Positionen zu kommen.

Es ist nicht einfach, solch hohe Positionen zu erreichen, aber sich auf diesen zu halten, ist noch viel schwieriger!

In Vers 43 heißt es: *„Denn sie liebten das Ansehen bei den Menschen mehr als das Ansehen bei Gott.“* Mich bringt diese Bibelstelle immer wieder neu zur Ehrfurcht vor Gott!

Trachte danach, Gott zu gefallen

Wir müssen uns auf jeden Fall dafür entscheiden, Gott gefallen zu wollen – nicht den Menschen. Egal, was es kostet! Auch wenn wir dabei unseren Ruf und unsere Freunde verlieren, müssen wir entschlossen sein, Gott gefallen zu wollen. Und wenn es uns unsere Freunde kostet, wird Gott für neue sorgen. Dave und ich haben jetzt wundervolle Freunde – Menschen, die für uns arbeiten, uns lieben und mit uns beten. Sie beten für uns und halten die Stellung, wenn wir unterwegs sind und predigen. Wir wissen jetzt, was richtige Freunde sind. Freunde sind nicht Menschen, die zu dir kommen und sagen: „Wenn du das nicht so machst, wie ich das möchte, bist du nicht mehr mein Freund!“ So redet jemand, der dich kontrollieren und manipulieren möchte!

Die Menschen, die jetzt meine Freunde sind, helfen mir dabei, das zu sein, was Jesus von mir möchte. Es sind wahre Freunde – Freunde, die nicht neidisch sind. Sie treiben mich voran. Sie halten mich nicht zurück, damit sie selbst an erster Stelle stehen.

Manchmal tun dir andere auch einen Gefallen damit, wenn sie die Sache auf den Punkt bringen und sagen: „Entweder tust du, was ich möchte, oder du brauchst dich hier gar nicht mehr blicken zu lassen!“ Spätestens dann weißt du, mit wem du es zu tun hast. Manchmal wird

Kontrolle auch nur im Hintergrund ausgeübt – vielleicht durch einen mißbilligenden Blick. Dieser Blick kann zur Folge haben, daß wir unsere Meinung ganz schnell ändern und in genau die entgegengesetzte Richtung marschieren.

Ich werde mit Gott daran arbeiten, diese Dinge in meinem eigenen Leben zu identifizieren – weil ich frei sein möchte! Und hier möchte ich nochmals betonen: „Ich will hier nicht rebellieren!" Ich stelle mich unter die Anweisungen meines Mannes und meines Pastors. Wenn dieser zu Dave und mir käme und sagen würde: „Ich glaube, daß eure Pläne nicht gut sind", würden wir ins Gebet gehen und Gott suchen.

Laß mich hier noch einmal betonen: Autorität ist wichtig, wenn sie richtig und im Sinne Gottes ausgeübt wird. Ich rufe nicht zur Rebellion auf. Bei Themen wie der Menschenfurcht, Manipulation und Kontrolle wird es immer Menschen geben, die etwas falsch auffassen.

Ich rede hier davon, zu wissen, was Gott sagt, und auch bereit zu sein, Seinen Anweisungen zu folgen, auch wenn diese vielleicht nicht immer angenehm sind, um die Fülle Seines göttlichen Willens in deinem Leben zu erkennen.

Gottes Volk muß unbedingt gehorsam sein. Paulus sagte, daß, wenn wir versuchen, den Menschen zu gefallen, wir nicht Jesus Christus dienen. Wir werden nicht Seine Knechte sein (siehe Galater 1,10). Ein Knecht ist jemand, der sagt: „Okay, Jesus. Ich habe mich aus freien Stücken an Dich gebunden. Ich will alles tun, was Du von mir möchtest, egal, was es mich auch kosten mag. Ich gehöre Dir! Ich lege mein Leben in Deine Hände!"

Als ich die Entscheidung traf, ein Knecht Gottes zu sein, verlor ich meine Freunde, und einige Mitglieder meiner Familie waren sehr böse auf mich. Lange Zeit kam ich mir wie eine Aussätzige vor. Aber jetzt bin ich so glücklich wie nie zuvor.

Vor der Geistestaufe ging es mir extrem schlecht! Ich hatte all meine Kraft darangesetzt, die richtigen Freunde zu finden und dafür zu sorgen, daß Dave zum Ältesten gewählt wurde. Es gab keine Party, zu der die Meyers nicht eingeladen waren! Und wenn jemand tatsächlich eine Party gab, zu der wir nicht eingeladen waren, setzte ich alle Hebel in Bewegung, damit wir doch noch eine Einladung bekamen!

Ging es dir auch schon einmal so, daß jemand eine Feier veranstaltete und du ganz traurig und verletzt warst, weil du nicht dazu eingeladen warst? Kamst du dir da zurückgewiesen und wertlos vor?

Befreie dich von diesen Gefühlen! Vertraue Gott, daß, wenn du auf dieser Feier dabeisein sollst, du auch eine Einladung bekommen wirst. Und wenn das nicht der Fall ist, dann freue dich einfach in Ihm.

---

1 Strong, „Greek Dictionary of the New Testament", S.10, #2640.

2 Vine, Band II, S. 84.

Kapitel 9

Manipulation und Kontrolle

Manipulation bedeutet, jemanden oder etwas geschickt und heimtükkisch zu beeinflussen und zu kontrollieren um seines eigenen Vorteils willen.

Über einen anderen Menschen Kontrolle auszuüben, ist Sünde. Es ist so etwas wie Hexerei! Damit will ich nicht sagen, daß du eine Hexe bist oder vom Teufel besessen bist, wenn du andere kontrollierst. Aber Kontrolle ist eine weitere beliebte Waffe des Teufels. Der Teufel arbeitet mit Manipulation und Kontrolle.

Gott möchte dich leiten und führen. Gott wird dich nur kontrollieren, wenn du Ihm immer wieder von neuem die Erlaubnis dazu gibst. Jedesmal, wenn Gott zu mir sagt: „Joyce, ich möchte, daß du das tust", sage ich: „Herr, Du hast recht. Was immer Du auch von mir willst, will auch ich. Ich gebe mich in Deine Hände. Ich will es, wenn auch Du es willst." Aber wenn du Ihm die Erlaubnis dazu nicht gibst, wird Er dich auch nicht dazu zwingen.

Auf der anderen Seite ist es dem Teufel auch egal, wie er uns kontrolliert. Alles, was er will, ist, zu seinem Ziel zu kommen. Er wird dich durch dämonische Mächte kontrollieren lassen, die sich in deine Gedanken einschleichen. Er wird andere Menschen dazu benutzen – vielleicht sogar genau diejenigen, die du liebst und die nicht einmal etwas davon wissen, daß sie gerade benutzt werden. Weil du dich jedoch nicht gegen sie auflehnst, werden sie dich auch weiterhin kontrollieren! Die Person, die dich kontrolliert, erkennt dann, daß du, weil du dich nicht dagegen auflehnst, eigentlich gar keine Veränderung willst!

Wenn sich eine solche Beziehung über längere Zeit hinzieht, gewöhnt sich die Person, die dich kontrolliert, langsam an ihre Macht. Versuchst du dann jedoch nach einiger Zeit, diese Beziehung zu beenden, wird es der reinste Krieg sein! Dein Gegenüber möchte seine Macht nicht verlieren und wird darum kämpfen, was für dich bedeutet, daß du sehr standhaft sein mußt. Wenn du jemand anderem sehr lange erlaubt hast, Kontrolle über dich auszuüben, und du dich dann von dieser Kontrolle befreien willst, solltest du dich dafür rüsten, denn der Teufel wird dich nicht so schnell loslassen!

Nun zu der Definition von Kontrolle. Kontrolle bedeutet, jemanden zu beeinflussen, zu beschränken, zu bevormunden und Einfluß auf jemanden auszuüben, doppelte Buchführung zu betreiben! Doppelte Buchführung bedeutet, daß man zwei verschiedene Bücher hat, in die man seine Ausgaben einträgt!

Hierzu ein Beispiel: Ich ging einmal mit einer Freundin einkaufen und sagte zu ihr: „Heute muß ich viele Dinge einkaufen, und ich möchte den Überblick über meine Ausgaben behalten. Deshalb werde ich alles aufschreiben, was ich gekauft habe, und ich würde dich bitten, daß du dir auch aufschreibst, was ich einkaufe. Danach werden wir dann unsere Listen vergleichen, damit ich auch sichergehen kann, daß ich nichts vergessen habe."

Eine meiner Töchter ist oft mit Dave und mir unterwegs, und mit mir ist sie dann auch oft beim Einkaufen. Da sie die gleiche Konfektionsgröße wie ich hat und auch oft die Sachen anzieht, die ich abgelegt habe, achtete sie sehr darauf, was ich mir zum Anziehen kaufe.

Manchmal, wenn wir dann Einkaufen sind und ich etwas anprobiere, frage ich sie nach ihrer Meinung. Oft sagt sie dann: „Aber Mama, du wirst dir doch so etwas nicht kaufen wollen!" Und nicht selten habe ich das besagte Kleidungsstück dann wieder zurückgehängt und nach etwas anderem gesucht. Habe ich dann etwas anderes gefunden und zeige ich es ihr, kommt von ihr die Antwort: „Nein, das gefällt mir nicht!" Und wieder trage ich es zum Ständer zurück.

Als ich jedoch anfing, mich näher mit Ablehnung auseinanderzusetzen, zeigte mir Gott, was eigentlich in mir vorging. Ich war in meiner Kindheit von meinem Vater nicht gerade sehr liebevoll erzogen worden – er war stark und dominant, hat uns kontrolliert und manipuliert –, was in mir die Wurzel der Ablehnung hinterlassen hat. Wenn mein Vater Hähnchen essen wollte, mußte jeder Hähnchen essen. Wenn mein Vater kein Gemüse wollte, bekam auch niemand anders Gemüse.

Er kontrollierte alles. Er konnte sehr schnell wütend werden und explodieren. Ich habe dann immer versucht, mich so zu verhalten, wie er es wollte, um ihn nicht zu reizen und um nicht abgelehnt zu werden.

Letztendlich leben wir unser Leben dann so, wie andere es gerne hätten – und wir bemerken es nicht einmal. Und um uns zu kontrollieren, braucht es nicht unbedingt den Teufel, das kann jederzeit von einer x-beliebigen Person getan werden – wobei diese Person nicht einmal etwas Böses im Sinn haben muß. Meine Tochter hat nicht versucht, mich zu kontrollieren. Sie hat mir gesagt, was sie denkt. Ich habe zugelassen, daß ihre Meinung mein Leben kontrolliert, weil ich Angst davor hatte, von ihr zurückgewiesen zu werden.

Es wird aber auch Zeiten geben, in denen der Teufel versuchen wird, dich durch eine Person zu kontrollieren, die wirklich die Absicht hat, dich zu kontrollieren, aber das ist ein anderes Problem.

Oft heiraten Menschen, die eine enorme Angst vor Ablehnung haben, sehr willensstarke Menschen. Ich glaube, daß Gott das so arrangiert. Und wissen Sie, warum? Weil diese Menschen nie die Furcht vor anderen Menschen verlieren werden, wenn sie nicht gezwungen werden, sich mit diesen auseinanderzusetzen und diesen gegenüberzutreten. Wenn sie nämlich ständig nach jemandem suchen, der sie nie zurückweisen wird und sie ständig sagen: „Tu mir das nicht an … und tu mir das nicht an!", meinen sie damit eigentlich: „Ich will mich mit diesem Problem nicht auseinandersetzen. Ich will nichts mehr damit zu tun haben. Ich will nur bei diesen netten, lieben, und freundlichen Menschen sein, mit denen ich nie Probleme haben werde!"Aber diese Rechnung wird nicht aufgehen! Früher oder später werden sie sich mit jemandem auseinandersetzen müssen, und somit ihre Angst überwinden. Vielleicht wird es ein Vorgesetzter sein, ein Freund, ein Partner oder ein Kind. Viele Menschen, die die Wurzel der Ablehnung in sich tragen, haben sehr willensstarke Kinder, die ihre Eltern kontrollieren – es sei denn, die Kinder selbst haben auch die Wurzel der Ablehnung in sich!

Früher hatte ich immer schreckliche Angst davor, etwas zu tun, was anderen nicht gefallen oder diese wütend auf mich machen könnte. Deshalb versuchte ich immer, so zu sein, wie es den anderen gefiel. Ich wollte, daß alle glücklich waren. Ich wollte niemanden enttäuschen. Ich setzte alles daran, perfekt zu werden und mein Leben so zu leben, daß niemand etwas Falsches daran finden konnte. Dann – so dachte ich – könnte mich niemand mehr ablehnen, und niemand würde mir mehr weh tun.

In der Vorbereitungszeit für dieses Buch hat Gott mir wirklich die Augen geöffnet. Und als ich die Wahrheit erkannt hatte, fing ich an, mein Wissen jetzt auch bei meinen Einkäufen mit meiner Tochter einzusetzen. Da wurde mir plötzlich klar, daß es ihr eigentlich egal war, was ich kaufte. Sie ist eine gute und brave Tochter; und alles, was ich zu ihr sagen mußte, war: „Das gefällt mir, das kaufe ich mir!"

Worauf sie nur antwortete: „Okay!" Damit war der Einkauf beendet. Früher richtete ich mich nach der Meinung meiner Tochter, aus Angst, von ihr zurückgewiesen zu werden, und nicht danach, was mir wirklich gefiel.

Auf der anderen Seite kommt es jetzt jedoch auch vor, daß ich mit meiner Tochter unterwegs bin und etwas anprobiere, von dem ich selbst nicht weiß, ob es mir nun steht oder nicht. Ich frage dann meine Tochter: „Gefällt dir das?" Manchmal antwortet sie dann: „Nein, das gefällt mir eigentlich nicht." Das ist dann eine Art Bestätigung für mich, daß es mir auch nicht besonders gefallen hat. Man sollte sich eben auch hier vor Extremen hüten. Du solltest dir und deiner Umgebung nicht das Leben schwermachen mit Aussagen wie: „Sag mir nicht, was ich zu tun habe! Ich tue, was ich will! Das geht dich gar nichts an!"

Hüte dich vor Extremen

Meiner Meinung nach ist es gut, immer in der goldenen Mitte zu bleiben. Ansonsten kann es passieren, daß wir zum Beispiel eine Predigt hören, die uns gefällt, und wir sind ganz auf der einen Seite ... hören wir dann jedoch eine andere Predigt, die uns noch besser gefällt, schwingen wir uns auf die andere Seite hinüber. Damit tun wir nichts anderes als von einem Ungleichgewicht zum anderen zu rutschen! So werden wir nie in die goldene Mitte gelangen. Ich denke wirklich, daß es sehr wichtig ist, ein gutes Gleichgewicht in unserem Leben zu haben. Deshalb möchte ich hier auch nochmals betonen, daß ich nicht zur Rebellion aufrufen will. Ich sage nicht, daß wir nie auf die Meinung anderer hören sollten, oder daß wir nie versuchen sollten, anderen zu gefallen. Natürlich werden wir versuchen, andere glücklich zu machen, wenn wir können.

Manchmal tue ich auch bestimmte Dinge nur, um meinem Mann eine Freude zu bereiten – weil ich ihn liebe. Wenn ich diese Dinge jedoch mit der Absicht getan hätte, ihn zu kontrollieren oder zu manipulieren – mich insgeheim für meine Tat hassen würde und der Meinung wäre, daß ich mich nicht so verhielt, wie Gott es gerne wollte –, würde ich Gott nicht gehorchen. Wenn ich versuchte, Dave zu gefallen, hätte jedoch diesen insgeheimen Zwiespalt noch in mir, würde das meinem Leben und meiner Ehe nicht guttun.

Einen Großteil meines Lebens habe ich anderen erlaubt, ein zweites Buch über mich zu führen. Das soll bedeuten, daß ich manche Dinge tat und sofort nach Menschen suchte, die das, was ich tat, gut fanden. Ich fragte mich: „War es o.k., was ich getan habe?" Es ist nicht schlecht, jemanden ab und zu zu bestätigen oder bestätigt zu werden. Schlecht ist es jedoch, wenn wir zusammenbrechen, wenn wir diese Bestätigung nicht erhalten.

Ich möchte dich dazu aufrufen, sich den Dingen entgegenzustellen, vor denen du bis jetzt in die Knie gegangen bist. In die Knie zu gehen macht unglücklich – solange es nicht aus Ehrfurcht vor Gott geschieht. In Römer 8,2 heißt es: *„Denn das Gesetz des Geistes und des Lebens in Christus Jesus hat dich frei gemacht vom Gesetz der Sünde und des Todes."* Über diese Bibelstelle habe ich jahrelang nachgedacht, bis ich sie endlich verstanden habe. Weißt du, was mir Römer 8,2 sagt? Wenn ich es zulasse, daß mir die Meinung anderer zum Gesetz wird, stehe ich unter dem Gesetz der Sünde und des Todes. Und das ist für mich Sünde, weil ich dann nicht mehr den Anweisungen des Heiligen Geistes folge. Sünde bringt mir den Tod. Ich werde natürlich nicht körperlich sterben, sondern ich verliere meine Freude. *„Der Dieb kommt nur, um zu stehlen, zu schlachten und zu vernichten; ich bin gekommen, damit sie das Leben haben und es in Fülle haben"* (Johannes 10,10).

Das Gesetz des Geistes des Lebens in Jesus Christus hat mich von dem Gesetz der Sünde und des Todes befreit! Ich bin jetzt frei, um mich der Führung des Heiligen Geistes anzuvertrauen.

Wie du jemandem helfen kannst, der diese Wurzel in sich trägt

Wie kannst du nun anderen helfen, von der Wurzel der Ablehnung frei zu werden?

Wenn du Gott liebst, möchtest du diesen Menschen wahrscheinlich dabei helfen, von dieser Wurzel frei zu werden. Aber was kannst du nun tun?

Was nicht gut wäre, ist, diese Menschen ständig mit Samthandschuhen anzufassen. Damit würdest du dich nämlich selbst in Ketten legen. Du kannst diese Menschen ermahnen, erbauen und ermutigen. Lobe sie! Solche Menschen brauchen viel Ermutigung. Wenn sie etwas zu 99 Prozent richtig gemacht haben, dann hacke nicht auf dem einem Prozent herum, das nicht o.k. war, sondern lobe die 99 Prozent, die gut waren. Wenn du diese Menschen immer wieder lobst, wirst du mit der Zeit feststellen, daß sie dein Lob immer weniger brauchen. Wenn dir diese Menschen anbefohlen sind und du diese korrigieren mußt, nehme Galater 6,1 als Leitfaden:

„Wenn einer sich zu einer Verfehlung hinreißen läßt, meine Brüder, so sollt ihr, die ihr vom Geist erfüllt seid (auf ihn hört und von ihm geleitet werdet), ihn im Geist der Sanftmut wieder auf den rechten Weg bringen. Doch gib acht, daß du nicht selbst in Versuchung gerätst."

Korrigiere niemanden von oben herab – korrigiere sanft und demütig.

Gott hat mir eine starke Persönlichkeit geschenkt, und ich bin oft sehr direkt. Deshalb mußte ich auch lernen, lieb und sanft mit den Menschen umzugehen, die vor jemandem wie mir Angst haben. Weil ich in meinem Amt Verantwortung trage, muß ich manchmal auch Menschen korrigieren.

Wenn ich dies tue, erzähle ich ihnen oft von Dingen, die ich selbst falsch gemacht habe und wie ich meine Schwächen überwunden habe. Wir alle tun manchmal Dinge, die nicht in Ordnung sind, und deshalb ist es wichtig, diesen Menschen zu sagen, daß wir sie trotzdem mögen und sie nicht verstoßen. Ich sage ihnen dann immer: „Sie sind toll! Sie sind ein wundervoller Mensch. Ich möchte nicht, daß Sie sich jetzt schlecht vorkommen oder denken, daß Sie nichts wert sind."

Es wäre nicht gut, Menschen nur deshalb nicht zu korrigieren, weil sie die Wurzel der Ablehnung in sich tragen. Wir können jedoch auf diese Menschen in Liebe zugehen, sie vorsichtig behandeln und uns davor hüten, Nutzen aus ihren Schwächen zu ziehen. Es ist auch hier wichtig, ein ausgewogenes Mittelmaß zu finden und darauf zu vertrauen, daß Gott uns dabei helfen wird.

Was du noch für diese Menschen tun kannst, ist, ihnen zu helfen, ihre eigenen Entscheidungen zu treffen und ihre eigenen Meinung zu respektieren, auch wenn diese nicht mit deiner übereinstimmt. Du kannst ihnen helfen, auf Gott zu hören!

Solche Menschen werden immer, sobald sie dich sehen, auf dich zukommen und dich fragen: „Was meinst du, was ich tun sollte?" Sage ihnen einfach: „Weißt du, eigentlich glaube ich, daß du auf Gott hören solltest, und ich bin fest davon überzeugt, daß du das auch kannst!"

Wenn sie dich dann wieder fragen, was sie tun sollen, antworte einfach: „Du erzählst mir, was Gott deiner Meinung nach sagt, und dann werde ich dir sagen, was ich denke!" Wenn sie dann sagen: „Ich glaube, daß Gott das ... und das ... und das sagt", wird es meistens gut für sie sein. Vielleicht ist es nicht gerade das, was sie gerne täten, aber du kannst sie ermutigen und ihnen sagen: „Ich würde es wahrscheinlich nicht so machen, aber ich denke, daß es gut für dich sein wird! Du bist ein Individuum, und du hörst Gott auf deine Weise und folgst Ihm auf deine Weise!"

Wie du siehst, gibt es viele Möglichkeiten, einem Menschen mit der Wurzel der Ablehnung zu helfen. Gott wird dich durch Seinen Heiligen Geist leiten, wenn du anderen helfen möchtest.

Widerstehe der Versuchung, andere kontrollieren zu wollen

Ich möchte dieses Buch nicht abschließen, ohne noch ein paar Worte an diejenigen gerichtet zu haben, die andere kontrollieren und überwachen. Warum versucht man eigentlich, andere zu kontrollieren? Ein Grund dafür ist die Angst davor, verletzt zu werden. Ich war in meinem Leben schon so oft verletzt worden, daß ich irgendwann dachte, daß, wenn ich über alles die Kontrolle behielt, mir niemand mehr wehtun konnte. Aber ich war nicht nur diejenige, die kontrollierte, sondern auch diejenige, die es zuließ, daß andere mich kontrollierten. Aus Angst davor, verletzt zu werden, versuchte ich dann jedoch selbst, meine Gegenüber zu kontrollieren. Ich war ganz durcheinander und verwirrt; und nur durch Gottes Barmherzigkeit und Gnade und die Kraft Seines Wortes wurde ich davon befreit.

Es ist leicht, anderen die Kontrolle über uns zu verwehren. Schwieriger ist es jedoch, damit aufzuhören, andere zu kontrollieren oder zu bevormunden. Menschen, die andere kontrollieren und manipulieren, sind oft sehr unsichere, problembeladene Menschen. Sie mögen zwar stark scheinen, in Wirklichkeit leben sie jedoch ein Leben voller Ängste. Wirklich starken Menschen macht es nichts aus, andere loszulassen. Ich denke, daß viele zur Kontrolle neigende Menschen sich so unsicher über sich selbst und ihr Tun sind, daß es ihnen ein besseres Gefühl gibt, wenn sie es schaffen, daß jeder um sie herum dasselbe wie sie tut.

Angst und Unsicherheit sind also Ursachen von Kontrolle. Eine weitere Ursache ist die, daß der Teufel nach Menschen mit starken Persönlichkeiten sucht, die diese Kontrolle ausüben können. Diese Menschen mögen an sich ganz in Ordnung sein. Sie verfügen eben nur über eine starke Persönlichkeit und ein starkes Führungsbedürfnis. Sie haben ein Talent dafür, alles in die richtigen Bahnen zu lenken, Menschen zu motivieren und anzutreiben. Das ist alles schön und gut, solange der Teufel seine Hand nicht im Spiel hat. Dem Teufel gefällt es aber, uns zu täuschen und selbst unsere schönsten gottgegebenen Fähigkeiten zu nehmen und diese gegen uns und andere einzusetzen. Das gelingt ihm dadurch, daß er uns aus dem Gleichgewicht bringt.

Früher hatte ich nicht nur Probleme damit, daß ich mißbraucht worden war. Ich hatte auch Probleme mit meiner gottgegebenen starken Persönlichkeit. Gott hat mich zur Leiterschaft gesalbt. Aber dennoch mußte ich den Unterschied zwischen Leiterschaft und Kontrolle und Manipulation lernen. Ich mußte lernen, Menschen dahin zu führen, wo Gott es wollte und wohin diese auch selbst gehen wollten, und nicht, wohin *„ich"* es gerne gehabt hätte. Ich hatte Probleme damit, meine Vorstellungen zurückzustellen, weil zum einen noch die Ängste und Unsicherheiten der Vergangenheit in mir steckten und zum anderen auch meiner eigenen Persönlichkeit wegen.

Wenn auch du diesen kontrollierenden Geistern zum Opfer gefallen bist und diese nun durch dich andere Menschen kontrollieren, möchte ich dich ermutigen, hier und jetzt damit anzufangen, andere Menschen loszulassen und der Versuchung dieser Geister in dir zu widerstehen.

Wenn jemand kontrolliert wird oder selbst kontrolliert, werden die betreffenden Geister ihr Terrain nicht kampflos aufgeben; wenn du jedoch immer bestrebt bist, heilig und Gottes Willen gemäß zu handeln, wirst du die Schlacht für dich entscheiden. Wehre dich gegen den Teufel mit dem *Wort*, dem *Namen* und dem *Blut*. Das Wort Gottes ist Kraft und unser zweischneidiges Schwert, mit dem wir den Feind bekämpfen. Der Name Jesu enthält alle Macht, die wir brauchen. In Seinem Namen bitten und beten wir zu Gott, dem Vater; und in Seinem wundervollen Namen widerstehen wir dem Feind. Kraft ist auch im Blut des Lammes. Durch Sein Blut wurden wir befreit. In Offenbarung 12,11 heißt es: *„Sie haben ihn besiegt durch das Blut des Lammes und durch ihr Wort und Zeugnis …"*

Gott will nicht, daß du jemanden kontrollierst oder selbst kontrolliert wirst. Beides zieht nichts Gutes nach sich. Derjenige, der von anderen kontrolliert wird, ist genauso unfrei wie jemand, der andere kontrollieren muß. Andere Menschen zu kontrollieren, kostet sehr viel Zeit und Kraft. Ich habe mittlerweile erkannt, daß ich genug damit zu tun habe, mit Gott wegen der Menschen in Verbindung zu bleiben, die mir anbefohlen sind. Ich habe nicht die Absicht, das Leben anderer Menschen zu kontrollieren. Ich mische mich bei niemandem ein. Ich habe genug mit meinem eigenen Leben zu tun.

Wenn eines der genannten Gebiete in deinem Leben aus dem Gleichgewicht geraten ist, solltest du dies wieder in Ordnung bringen. Das heißt, daß du die Dinge wieder so ordnen solltest, wie sie hätten sein sollen, bevor Satan sich eingemischt und dich verblendet hat. Eine Bibelstelle, die mir sehr wichtig geworden ist, möchte ich dir an dieser Stelle noch mitgeben. Du findest sie in Kolosser 1,20: *„Und Gott wollte durch ihn (sein Eingreifen, seinen Dienst) (dem Sohn) alles versöhnen. Alles im Himmel und auf Erden wollte er (der Vater) zu Christus führen, der Friede gestiftet hat am Kreuz durch sein Blut."*

Alle Gebiete deines Lebens, die aus dem Gleichgewicht geraten sind, können durch Jesu versöhnende Tat am Kreuz wieder eingerenkt werden. Glaube daran! Gebe dich nicht mit Unfreiheit zufrieden, sei frei!

SCHLUSSBEMERKUNG

Du kannst von der Wurzel der Ablehnung frei werden!

Sehen wir uns zum Schluß noch ein paar Bibelstellen an: In Römer 12,2 heißt es: *„Gleicht euch nicht dieser Welt (dieser Zeit) (paßt euch nicht deren äußerlichen und oberflächlichen Gewohnheiten) an, sondern wandelt (verändert) euch (vollkommen) und erneuert euer Denken (habt neue Ideale und neue Einstellungen) , damit ihr (selbst) prüfen und erkennen könnt, was der Wille Gottes ist: was ihm gefällt, was (in seinen Augen) gut und vollkommen (für euch) ist.“*

Ich habe längere Zeit über Römer 12,2 nachgedacht und kam zu dem Schluß, daß die Hauptaussage die folgende ist: Wenn du möchtest, daß Jesus dich verändert und in dir wirkt, damit an dir Veränderungen sichtbar werden, mußt du dich dafür entscheiden, nicht so zu sein, wie die Welt es gerne hätte. Es gibt nur die zwei Dinge: Veränderung zu Gott hin oder Anpassung an die Welt.

In Römer 7,6 heißt es: *„Jetzt aber sind wir frei geworden von dem Gesetz, an das wir gebunden waren, wir sind tot für das Gesetz ...“*

In Römer 8,4.14+15 heißt es: *„Dies tat er, damit die Forderung des Gesetzes durch uns erfüllt werde, die wir nicht nach dem Fleisch, sondern nach dem Geist leben (deren Leben nicht von den Ansprüchen und Anforderungen des Fleisches bestimmmt wird, sondern durch den Heiligen Geist). Denn alle, die sich vom Geist Gottes leiten lassen, sind Söhne Gottes. Denn ihr habt nicht einen Gest empfangen, der euch zu Sklaven macht, so daß ihr euch immer fürchten müßtet, sondern ihr habt den Geist empfangen, der euch zu Söhnen macht, den Geist, zu dem wir (voller Freude) rufen: Abba (Vater)! Vater!“*

In Galater 5,16+17 heißt es: *„Darum sage ich euch, laßt euch (beständig) vom (Heiligen) Geist leiten (hört auf ihn, und folgt ihm), dann werdet ihr das Begehren des Fleisches nicht erfüllen. Denn das Begehren des Fleisches (der menschlichen Natur ohne Gott) richtet sich gegen den (Heiligen) Geist, das Begehren des Geistes aber gegen das Fleisch (die gottlose menschliche Natur); beide stehen sich als Feinde gegenüber (bekriegen sich immer wieder), so daß ihr nicht imstande seid, das zu tun, was ihr wollt.“*

In Galater 5,1 heißt es: *„Zur (zu dieser) Freiheit hat uns Christus (völlig) befreit. Bleibt daher fest und laßt euch nicht von neuem das Joch der Knechtschaft auflegen (das ihr doch schon abgelegt hattet)!"*

Bist du bereit, diese Freiheit, die Gott dir schenken möchte, anzunehmen und um diese zu kämpfen?

Der erste Schritt zur Befreiung von der Wurzel der Ablehnung ist der, daß du weißt, daß Jesus für dich ganz persönlich ans Kreuz gegangen ist und dich errettet hat. Auf dem Weg zu meiner eigenen Heilung habe ich auch die verschiedensten „Schnell-Heil-Methoden" kennengelernt, die unsere verletzte Welt zu bieten hat. Ich habe jedoch festgestellt, daß die einzig wirkliche und langfristige Heilung von der Wurzel der Ablehnung nur die persönliche Beziehung zu Jesus Christus ist. Er hat unsere Ablehnung auf sich genommen. Durch Seinen Tod und Seine Auferstehung hat er dir und mir Freiheit geschenkt. Freiheit von dem Schmerz und allen Verhaltensmustern, die auf ein Leben, das von Ablehnung geprägt war, zurückzuführen sind.

Wenn du Jesus Christus noch nicht als deinen Retter angenommen hast, würdest du dann jetzt mit mir beten?

„Jesus, ich komme zu Dir als Sünder. Ich bereue alle meine Sünden und bitte Dich, mir zu vergeben und mich durch Dein Blut zu reinigen. Ich übergeben Dir jetzt mein Leben. Ich will denen vergeben, die mir wehgetan und mich zurückgewiesen haben. Heile mich von der Wurzel der Ablehnung. Erfülle mich mit Deinem Heiligen Geist, denn heute erlaube ich Dir, in und an mir zu wirken, so daß jeder sehen kann, daß ich Dich als meinen Herrn angenommen habe. Ich will mich von Deiner Kraft und Deiner Liebe verändern lassen – will mich nicht den Meinungen und Vorstellungen anderer Menschen anpassen, von denen jeder etwas anderes mit mir vorhat.

Jesus, ich bitte Dich um Vergebung, da, wo ich andere manipuliert und kontrolliert habe. Hilf mir, andere nicht mehr kontrollieren zu müssen. Befreie mich von der Angst vor Menschen. Hilf mir, meinen Blick auf Dich zu richten, danach zu fragen, was Du möchtest, und nicht danach, was die Menschen von mir möchten. Lehre mich, das Leben eines siegreichen Christen zu führen.

Eröffne mir Deine Liebe und hilf mir, wirklich zu verstehen, was es bedeutet, in dem Geliebten angenommen zu sein. Ich bete dieses Gebet im Glauben daran, daß Du mein Leben gänzlich verändern kannst. In Jesu Namen! Amen."

Wenn du dieses Gebet gebetet hast, würde ich mich freuen, wenn du mir schreiben würdest! Deinen Brief kannst du an folgende Adresse schicken:

Joyce Meyer Ministries
P.O.Box 655
Fenton, MO 63026
314–349–0303
1–800–727–WORD (9673)

Gott segne dich, der du deine ersten Schritte gehst und in Ihm wächst!

Joyce Meyer

Über die Autorin

Seit 1972 ist Joyce Meyer als Bibellehrerin tätig, seit 1980 sogar vollzeitlich. Sie ist Bestseller-Autorin von mehr als siebzig Büchern wie zum Beispiel „Das Schlachtfeld der Gedanken“ und „Süchtig nach Anerkennung“. Mit ihrer humorvollen und direkten Art bringt sie die Dinge des Alltags anhand der Bibel auf den Punkt - lebensnah, überzeugend und echt. Joyce' Radio- und Fernsehprogramme *Enjoying Everyday Life* oder *Das Leben genießen* werden weltweit ausgestrahlt. Häufig werden die Sendungen auf den vielen Konferenzen aufgezeichnet, die Joyce jährlich abhält. Ihre Vorträge werden außerdem auch als DVDs und Audio-CDs verbreitet. Joyce und ihr Mann Dave haben vier erwachsene Kinder und leben in St. Louis, Missouri, USA.

Über Joyce Meyer Ministries (JMM)

Hilfe für Arme und Leidende

Joyce und Dave Meyers zentrales Anliegen ist es, armen und verletzen Menschen in der ganzen Welt zu helfen. Es geht darum, nicht nur zu reden, sondern auch konkret zu handeln. Darum bringt Joyce Meyer Ministries (JMM) humanitäre Hilfe in verschiedene Krisenregionen der Welt. Dies geschieht mit über 13 internationalen Büros und in Zusammenarbeit mit über 50 weltweit tätigen Missionsgesellschaften.
Auf diese Weise werden über fünf Millionen Mahlzeiten in den Hungerregionen der Welt ausgegeben, über 40 Waisenheime in armen Ländern unterhalten, Dörfer mit sauberem Trinkwasser versorgt und Tausende von Gefängnisinsassen unterstützt. Außerdem gründet und fördert JMM Gemeinden in Ländern, wo Christen unter Verfolgung leiden, bietet medizinische Hilfe und hilft alten wie jungen Menschen in den „Ghettos“ von Großstädten, wie mit dem Dream Center in St. Louis.

TV und Radio

Die *Enjoying Everyday Life* (*Das Leben genießen*) Sendungen in Radio und Fernsehen erreichen täglich Hunderttausende weltweit. Im September 1993 wurde das Programm wöchentlich auf zwei Kanälen ausgestrahlt. Heute kann *Enjoying Everyday Life* täglich und wöchentlich auf über 507 Kanälen, darunter mehrere große Kabel- und Satelliten-Stationen, weltweit empfangen werden und außerdem auf www.joyce-meyer.de rund um die Uhr. Das Programm wird mittlerweile auch in weitere Sprachen, unter anderem Deutsch, übersetzt und kann sogar in der arabischen Welt empfangen werden. So wird das Evangelium täglich weltweit verbreitet.

Konferenzen

Konferenzen quer durch die USA (bis zu 14 im Jahr) und auch im Ausland sind nach wie vor Joyces Leidenschaft. Die Menschen kommen in Scharen, und Joyce predigt das Wort Gottes und gibt praktische Lebenshilfe in der ihr eigenen direkten und humorvollen Art. Gleichzeitig werden diese Konferenzen für Fernsehsendungen aufgezeichnet.

www.joyce-meyer.de

Treffen Sie JMM im Internet. Infos, Videos, Kontaktmöglichkeit, weitere Bücher, DVDs und CDs bestellen und vieles mehr.

Joyce Meyers persönliches Geschenk an Sie

Als Leser dieses Buches können Sie jetzt ein kostenloses Geschenk von Joyce Meyer erhalten. Einfach diesen Gutschein-Code [BK0307] mit Ihrer Anschrift versehen und an

Joyce Meyer Ministries
Postfach 76 10 01
D-22060 Hamburg

schicken, oder ins Internet gehen unter
www.joyce-meyer.de/geschenk.

Dort Adresse und Gutschein-Code eingeben, abschicken. Die DVDs werden vierteljährlich verschickt. Wir bitten deshalb um etwas Geduld.

Bitte beachten Sie auch die Informationen
auf den folgenden Seiten.

Mike Bickle im ASAPH-Verlag

Mike Bickle

Nach dem Herzen Gottes

Davids Geheimnis: eine verzehrende Leidenschaft für Gott

240 Seiten, Paperback, Best.-Nr. 147348

In Ihrer Buchhandlung oder direkt beim Verlag